Concentração: o segredo das PESSOAS PRODUTIVAS

CARO LEITOR,

Queremos saber sua opinião sobre nossos livros.
Após sua leitura, acesse nosso *site* (www.editoragente.com.br),
cadastre-se e contribua com sugestões, críticas ou elogios.

Boa leitura!

JOSEPH CARDILLO

Concentração: o segredo das PESSOAS PRODUTIVAS

Como pensar com rapidez, melhorar seu foco e não dispersar sua atenção

Gente editora

Gerente Editorial
Alessandra J. Gelman Ruiz
Editor de Produção Editorial
Rosângela de Araujo Pinheiro Barbosa
Controle de Produção
Adriane Aoqui de Souza
Estagiária
Caroline Silva
Tradução
Fábio Zatz
Preparação
Malvina Tomás
Revisão
Cristina Lavrador
Projeto Gráfico e Editoração
SGuerra Design
Capa
Eduardo Profeta
Foto de capa
Shutterstock
Impressão
Orgrafic Gráfica

Título original: *Can I have your attention?*

Rua Pedro Soares de Almeida, 114
São Paulo, SP – CEP 05029-030
Telefone: (11) 3670-2500

Site: http://www.editoragente.com.br
E-mail: gente@editoragente.com.br

Dados Internacionais de Catalogação na Publicação (CIP)
(Câmara Brasileira do Livro, SP, Brasil)

Cardillo, Joseph
Concentração: o segredo das pessoas concentradas e produtivas: Como pensar com rapidez, melhorar seu foco e não dispersar sua atenção / Joseph Cardillo ; [tradução Fabio Zatz]. – São Paulo : Editora Gente, 2011.

Título original: Can I have your attention. Bibliografia.
ISBN 978-85-7312-710-2

1. Atenção 2. Desenvolvimento pessoal 3. Motivação (Psicologia)
4. Pensamento – Administração 5. Percepção I. Título.

10-13448 CDD-153.733

Índices para catálogo sistemático:

1. Atenção : Aprimoramento : Psicologia 153.733
2. Concentração : Aprimoramento : Psicologia 153.733

Para nossa filha, Verônica.
Nós amamos você desde antes do seu nascimento.

Agradecimentos

Desejo agradecer à minha família e parentes, por sua força e orientação, o que me ajudou na conclusão deste projeto.

Agradeço especialmente à minha esposa, Elaine, por seu amor, amizade e apoio ao longo desta jornada; e às nossas filhas, Isabella e Verônica, por toda sua bondade e grandeza.

Também quero transmitir minha gratidão aos cientistas e aos estudiosos que concordaram em me contar sobre seus incríveis trabalhos e em responder às minhas diversas indagações sobre o funcionamento da atenção humana. Agradecimentos especiais para: doutora Lydia Furman, doutor James Diefendorff, doutor Stanley Glick, doutor Robert Josephs, doutor Deirdre V. Lovecky, doutor John Mayer, Sargento Michael McLaren, Coronel Kevin Nally, doutor Tram Neill, doutor Donald Pfaff, doutor Todd Rasner, doutor Frank Vellutino, doutor Donald Ward, doutor Christian Wheeler, doutor Wythe Whiting e doutor Todd Wysocki.

Agradeço a Matthew Papa, assim como a todos os meus companheiros das artes marciais, parceiros e colegas, por seu apoio, fraternidade e irmandade.

Também sou profundamente agradecido pelo trabalho árduo e pela pesquisa brilhante dos muitos cientistas e estudiosos que são mencionados nestas páginas. Sem seu trabalho fantástico e admirável, um livro como este não seria possível.

Gostaria também de fazer um agradecimento especial à minha agente, Linda Konner; ao jornalista Robin Waxenburg e a todos na Editora Career Press/New Page Books, especialmente a Ron Fry, Michael Pye, Laurie Kelly-Pye, Kristen Parkes, Kirsten Dalley, Kara Kumpel, Jeff Piasky, Diana Ghazzawi e Allison Olson, pelo extraordinário comprometimento com a visão deste projeto. Obrigado também à equipe de publicidade da Newman Communications.

Agradeço profundamente aos meus pais, Alfio e Josephine Cardillo, por suas dádivas de amor, encorajamento e vida.

Como humanos, somos criados para prestar atenção.
Sem ela, simplesmente não sobreviveríamos.

– Maggie Jackson, autora de *DISTRAÍDO*

Sumário

Introdução *xiii*

1 Preste atenção 1
2 Seus hormônios não falam seu idioma 51
3 O fator emocional 75
4 Autorregulação 126
5 Além das antigas crenças 144
Epílogo Um manual do usuário para uma atenção eficiente e veloz 158

Notas *174*
Glossário *180*
Bibliografia *185*

Introdução

Saber algo sobre a mêcanica de sua atenção pode ser tão poderoso como qualquer terapia ou medicamento ou droga.

- Steven Johnson, escritor de *Mind Wide Open*

A atenção desempenha um papel fundamental em praticamente todas as escolhas que você faz. Conectada à essência de seu ser, o mecanismo de atenção do seu cérebro está programado para ajudá-lo a atingir seu potencial pleno. Assim, você não poderia ser quem realmente deseja, se esse mecanismo não funcionasse apropriadamente. Isso porque seu sistema de atenção pode determinar o que você pensa, quais emoções sente e quais os comportamentos em que se engaja. Ela pode afetar sua motivação, assim como a realização de metas imediatas e de longo prazo. A maneira como você dirige sua atenção às coisas vai ajudá-lo ou prejudicá-lo em suas metas diárias, independentemente de elas serem relacionadas ao trabalho, ao lar, ao seu casamento, à educação dos seus filhos e a outros relacionamentos, ou às áreas de saúde, educação, lazer, criatividade e, até mesmo, espiritualidade. Ela determinará como você vivencia a dor e o prazer, se você sente-se focado ou disperso, estressado ou calmo, deprimido ou animado, e se têm tendência a ficar nervoso ou contente.

As primeiras ideias a respeito da atenção começaram a surgir nas filosofias arraigadas de diversas tradições ao redor do mundo, algumas delas estabelecidas muito tempo antes da fundação da própria psicologia. Na tradição das artes marciais, por exemplo, há princípios relacionados à vigilância e foco que datam de 525 a.C., época em que quando um monge budista chamado Bodidharma visitou o templo Shaolin, na China, e ensinou aos monges que lá residiam a meditação, a respiração e várias outras habilidades para gerar maior clareza mental, assim como uma existência mais autêntica e iluminada.

Séculos depois, em 1890, o psicólogo William James – que conduziu pesquisas sobre psicologia nos Estados Unidos – afirmou que a atenção está na raiz do julgamento, do cárater e da vontade humana. Entre os primeiros psicólogos, a definição de James sobre atenção talvez seja a mais citada. De acordo com ele, atenção é: "tomar posse pela mente, de maneira lúcida e nítida, do que aparenta ser um dos vários objetos ou linhas de pensamentos simultâneos". Além disso, James especulou que a atenção está relacionada à habilidade de retirar o foco de determinadas coisas para que você possa prestar atenção em outras. Filosoficamente falando, a opinião de James não era muito diferente daquela defendida pelas artes marciais e por outras artes holísticas durante mais de um milênio, mas sua insistência de que a atenção pode ser compreendida, especialmente em termos de como ela funciona, abriu caminho para muitas pesquisas científicas posteriores. James havia mais ou menos compreendido o que a ciência descobriria mais tarde como sendo pelo menos um componente dentro das engrenagens internas da atenção. E, embora atualmente saibamos muito mais a respeito de atenção, as primeiras ideias de James não só ajudaram a colocar os cientistas na direção certa, mas também encorajaram pesquisas adicionais para tentar desmistificar essa poderosa capacidade mental. Isso é importante porque lançou a atenção de seu âmbito habitual, dentro do domínio de artistas e místicos, para começar a tratá-la como uma habilidade – dotada como um direito nato para todos os homens – que, como todas as habilidades, pode ser aprendida e desenvolvida.

No entanto, até recentemente, não tínhamos as ferramentas para comprovar ideias como as defendidas por William James além do campo da especulação. Com o advento de sofisticadas técnicas e equipamentos de neuroimagem, e graças a muitos pesquisadores da neurociência, atualmente conhecemos muito mais sobre o papel do cérebro no mecanismo de prestar atenção e em como o mecanismo da atenção está ligado a praticamente tudo o que fazemos na vida, das realizações intelectuais ao trabalho, aos relacionamentos e a quem cada um de nós é como pessoa.

Atualmente, temos evidências científicas de que a habilidade de prestar atenção de uma pessoa está relacionada a todos os níveis de uma existência próspera.

Seguindo essa trilha de evidências, este livro não é uma obra tradicional de autoajuda, que oferece 12 passos simples para aperfeiçoar o poder mental, nem é um livro sobre a sabedoria e a espiritualidade oriental ou sobre a meditação convencional. Trata-se de uma obra que o levará em uma sensacional aventura, que mescla técnicas antigas e rápidas para desenvolver a atenção com pesquisas de ponta sobre a atenção nos campos da psicologia, da neurologia e da biologia.

Por exemplo, você sabia que:

- Você pode usar sua atenção para criar procedimentos (capazes de ser desencadeados em milissegundos) que ajudem a aperfeiçoar qualquer atividade diária, desde tocar piano até atividades relacionadas ao trabalho e ao aperfeiçoamento de seu saque no tênis?
- Na fração de 1/600 segundo, um detalhe aleatório que você capturar com o canto do olho pode determinar se gostou ou não de alguém que acabou de conhecer, provocar ou evitar um acidente, fazê-lo sentir-se feliz ou deprimido pelo resto do dia e ter sucesso ou fracasso em qualquer coisa que tentar?
- Técnicas de meditação especificamente elaboradas podem ser empregadas para mapear e alterar o padrão de suas ondas cerebrais, modificando a atenção de alguém tão eficientemente quanto os aparelhos de *biofeedback* com seus infinitos eletrodos?
- E, mais importante: você pode treinar sua atenção para ligar ou desligar esses processos por meio de um comando.

Assim, este livro origina-se da compreensão de que saber, pouco que seja, sobre como o mecanismo de atenção do cérebro funciona pode ajudá-lo a liberar seu computador mental para resultar em pensamento e poder de concentração mais rápidos, mais claros e mais direcionados.

Ao término desta obra, você terá aprendido muitas técnicas para autorregular esse mecanismo cerebral provocador e imprescindível. Além disso, descobrirá que no mundo da neurociência a autorregulação está se tornando o elemento essencial para o gerenciamento de metas em todos os aspectos de existência: profissional, interpessoal, acadêmico, recreativo e até mesmo médico. A melhor notícia é que você não precisa ter doutorado ou mestrado para iniciar seu programa para treinar a atenção. Conhecendo apenas o básico do que ocorre na própria mente, à medida que tenta cuidar das coisas do cotidiano, pode fazer uma grande diferença.

Nesta obra você conhecerá indivíduos criativos, cientistas de ponta, atletas, militares de alta patente, médicos, especialistas em artes marciais, e outros, de todas as idades, que ajudarão a fornecer um quadro completo das habilidades de atenção. Viajará dos cumes das montanhas chinesas Sung para capacetes repletos de eletrodos e para as salas de imprensa da eleição presidencial norte-americana de 2008. Ouvirá os sons de uma lição de antigas técnicas de respiração em uma fria manhã de inverno; descobrirá o que realmente está por trás da palavra *atenção* para os fuzileiros navais norte-americanos; aprenderá a acessar o processamento de alta velocidade da sua própria mente, e mais. A conclusão do livro apresentará uma nova definição de déficit de atenção, assim como revelará uma variedade de ferramentas naturais e não médicas que podem melhorar significativamente a atenção. Prepare-se para algumas surpresas úteis e autênticas.

1
PRESTE ATENÇÃO

Claramente, se pudéssemos aperfeiçoar nossa capacidade de atenção, nossas vidas melhorariam dramaticamente.

- B. Alan Wallace, escritor do livro *The attention revolution: unlocking the power of the focused mind*

Minha atenção é minha

Faz pouco tempo, eu estava na cozinha preparando uma xícara de café, quando a minha filha de 3 anos, Isabella, irrompeu no recinto vestindo uma roupa de bailarina rosa e dando piruetas pelo local. Era cedo, por volta das 6 horas da manhã.

Encantado por sua audácia e alegria, parei o que estava fazendo e lhe disse bom dia. Elogiei seus movimentos e então disse que ela deveria ter cuidado com um grande carrinho de brinquedo que sua irmã mais nova tinha deixado largado no chão. Ela pareceu estar pouco distraída (desatenta) – é a palavra que me vem à mente – ao que eu estava lhe dizendo. Em vez de expressar reconhecimento pelo que eu lhe havia dito, ela me contou que estava "dançando com o coração".

Deleitei-me ao ouvir isso. Elogiei-a novamente e mais uma vez a alertei sobre o carrinho. Era aparente que ela não estava prestando atenção; então, disse, um pouco preocupado: "Isabella, por favor, me dá um pouco da sua atenção?"

Ela respondeu: "Mas papai, isso é impossível".

Bem, pensei, ela me ouviu. Aparentemente, não estava distraída. Naquele momento, um clássico programa de televisão norte-americano *Kids say the darnest things [As crianças dizem as coisas mais endiabradas]* me veio à mente. Decidi realizar uma pequena experiência e, divertindo-me, indaguei: "E por que você não pode me dar sua atenção?"

"Porque" – ela sussurou, como se estivesse compartilhando um grande segredo, – "minha atenção é *minha*, então *não* posso dá-la para outra pessoa".

Considerei as implicações técnicas do que ela havia dito e pensei: "Bem, ela pode ter razão". Como escritor e pai, não podia deixar de me orgulhar das habilidades verbais da minha filha. Lembrei-me do livro *All I really need to know I learned in kindergarden [Tudo que eu realmente preciso saber aprendi no jardim de infância].* A minha faceta romântica queria levar em consideração o comentário espontâneo da minha filha sobre atenção como uma dádiva divina, uma genial ideia infantil que lhe foi dada sem nenhum esforço; coincidentemente, estava escrevendo um livro sobre como aperfeiçoar o ato de pensar e a atenção. Certamente, muito da cultura popular, sem o conhecimento de Isabella, concordaria com sua afirmação. O hino *My mind is my mind and nobody else´s [Minha mente é minha e de mais ninguém]* ecoa em toda parte, do *rock´n roll* aos desenhos infantis. J.D. Salinger capturou essa atitude em seu clássico, *O apanhador no campo de centeio,* que está repleto de indagações como: "Todos nós não nascemos com uma tábula rasa de atenção?" Não é sua atenção exclusivamente sua, e não deveria ser assim? Sua 'tábula rasa' não se contamina com a passagem do tempo? E seu trabalho de uma vida inteira não está reprogramando sua mente para seus padrões em branco? Ou estamos condenados a nos desequilibrar e a perder o controle mental que ainda nos resta, como o herói Holden Caulfield descreve que acontece com todos quando crescemos?

Certamente, não é nova a ideia de manter a mente jovem, nem a de fazer sua mente sua. Contudo, a eliminação de contaminantes de sua mente pode fazê-lo pensar mais rapidamente, com maior clareza, e até mesmo mais autenticamente à medida que você envelhece? E, se é sim, como você faria isso? A caprichosa resposta de minha filha deixou-me cambaleante, pensando nas possibilidades.

Meu lado educador advertiu-me a não chegar a uma conclusão prematura em relação à ideia. Vinte e oito anos como professor universitário fizeram com que me aprofundasse no método científico; estava habituado a fazer perguntas difíceis e a exigir mais evidências. Meu treinamento em artes marciais também me persuadiu a ir com calma. De fato, há uma importante doutrina das artes marciais que afirma que seu objetivo de vida é obter um corpo jovem e uma mente centenária. Isso certamente parece estar em oposição à manutenção de uma "mente jovem". No entanto, encontrei algo intrigante no emprego do entendimento da palavra atenção pela minha filha, mesmo que viesse a ser apenas um interessante acidente com palavras.

Mencionei o episódio para alguns dos meus colegas na faculdade em que leciono e eles o receberam prazerosamente, e também sugeriram que poderia haver mais no despretensioso comentário de Isabella do que pareceu à primeira vista.

Alguns dias depois, saí para ver o que poderia descobrir. Minha busca teve início ao contatar um grupo de psicólogos de primeira linha e compartilhar com eles a história de Isabella. Entretanto, devo confessar que abordar esses profissionais para lhes perguntar se havia qualquer ligação entre algo dito pela minha filha, de 3 anos, as pesquisas de ponta em sua área de conhecimento e um livro que estava escrevendo sobre como tornar a mente adulta mais rápida e aguçada poderia gerar ansiedade. Mesmo assim, todos adoraram a maneira como Isabella empregou a palavra atenção e, após algumas boas risadas, todos nos sentamos para analisar o assunto com mais cuidado. Acreditava que, pelo menos, as discussões me ofereceriam a oportunidade de analisar mais cuidadosamente os cérebros dos meus filhos, assim como o meu.

Pare de pensar e apenas preste atenção

Meu interesse pela mecânica da atenção e sua ligação com o pensamento preciso e veloz começou há 25 anos, durante os estágios iniciais do meu treinamento em artes marciais, ainda que naquele momento meus objetivos fossem principalmente aperfeiçoar-me no esporte. Assim como a maioria dos alunos de artes marciais, passei a maior parte do meu tempo aprendendo e refinando as elaboradas técnicas e os movimentos. Apenas ocasionalmente, um *sensei* ("instrutor" em japonês) deixava escapar que poderia haver outras lições a ser dominadas.

Um dia, porém, meu instrutor percebeu que eu estava me estressando para lembrar-me dos movimentos de um *kata* (sequência de posturas na arte marcial que se assemelha a uma dança) que eu estava praticando. Desejava desempenhar o *kata* vigorosa e graciosamente, mas vi que tinha de parar e pensar a respeito de cada postura antes de realizá-la. Tinha de iniciar com a mão esquerda ou com a direita? Devia pisar um ou dois passos à frente?

"Pare de pensar e apenas preste atenção" – falou meu instrutor.

Havia aquela palavra: *atenção.* Pouca ciência eu tinha do quanto essa palavra (e habilidade), que acreditava que já havia compreendido, se tornaria a chave para os muitos níveis de sucesso em minha vida, e talvez uma das mais importantes habilidades que jamais aperfeiçoaria. Todavia, primeiramente, de forma semelhante a todos os outros, teria de mudar minha compreensão do significado da palavra *atenção* e como usá-la. Até esse momento, pensava em *atenção* como um sinônimo de *concentração ou ato de pensar.* Meu *sensei*, entretanto, estava disposto a mudar isso.

Consenti, deixando que meu instrutor soubesse que havia lhe ouvido. No entanto, segundos depois, quando pensei no que ele havia dito, estava confuso. Tinha ouvido corretamente? *Como você pode prestar atenção a qualquer coisa se você parar de pensar?*

Naquela tarde, quando fui para casa ainda pensava sobre o que meu instrutor havia dito. Então decidi testar seu conselho. Tratava-se de uma linda tarde de outono. O ar cheirava à cidra e o céu não tinha nenhuma nuvem. A primeira neve não tardaria a cair. Esquadrinhei o campo atrás da minha casa. Havia muita lenha cortada, empilhada há semanas e montes de folhas caídas começando a acumular-se ao redor dela. Decidi trabalhar com o ancinho. Dediquei toda minha concentração a essa tarefa. Lembrei-me do que meu instrutor havia me dito sobre atenção e tentei absorver a maior quantidade de detalhes possível. Ainda não compreendia como podia prestar atenção sem pensar, mas estava disposto a tentar. Mantive-me concentrado. Mesmo assim, ao invés de anular meus pensamentos, pareceu-me que um interruptor havia sido ligado em minha mente, fazendo-o me pensar ainda mais. De fato, fiquei tão absorto em meus pensamentos em relação às folhas, às cores, aos padrões e a outras coisas mais que perdi noção do que estava fazendo – trabalhando com o ancinho para juntar folhas. Meu *grand finale* foi tropeçar em um buraco aberto pelo nosso cachorro. Bem, pensei, veja no que resultou meu pequeno teste. Qual era o benefício de prestar atenção daquela maneira?

"Não muito" - meu instrutor comentou mais tarde naquela semana quando lhe contei sobre o incidente.

Ele percebeu quão perplexo eu estava e riu. "É igual a quando você está jogando tênis e a bola está vindo em sua direção mais rapidamente que um carro ou quando alguém lhe desfere um impressionantemente veloz *roundhouse kick**. Você está alerta. Você toma decisões, reage – rapidamente. É simples assim. Alguma vez você viu uma esquiadora olímpica realizar pequenos ajustes à medida que voa colina abaixo? Ou um tenista profissional correndo ao redor da quadra realizando o que parecem ser jogadas impossíveis? Eles fazem isso automaticamente."

Meu *sensei* estava descrevendo um estado mental que os japoneses denominam de *mushin,* que literalmente significa "nenhum pensamento". De acordo com os antigos mestres, o *mushin* ocorre quando a atenção de sua mente vai de uma a outra atividade, sem a interferência do pensamento. Sua mente flui como uma corrente de água com alto grau de vigilância, preenchendo cada espaço do seu ambiente. *Mushin* é um estado mental cobiçado, que todos os praticantes das artes marciais se esforçam para alcançar.

Meu professor respirou profundamente e olhou para mim. "Não estou lhe pedindo para parar de pensar completamente e para sempre"- ele acrescentou.

Ele apenas queria que eu pensasse bem menos. Desse modo, explicou, quando pensasse, seria de maneira rápida e eficiente, livre da habitual coleção de outros pensamentos.

---

* Golpe dado com um movimento circular e violento de sua perna contra sua cabeça. (N.T.)

Ele podia ver que eu continuava confuso. "Quando você está 'viajando' em um daqueles filmes que você gosta de assistir, você não está realmente viajando, está? Sua mente está bem aberta e você, na verdade, está bem alerta. Você está relaxado e prestando atenção em tudo o que se passa na tela. Você está lá, mas não pensando sobre isso. De vez em quando, você faz uma pausa para pensar e sua mente interrompe. Quando isso ocorre, você está lá com seu pensamento, mas então perdeu algo do que está passando na tela. Você compreende?"

"Isso é uma coisa ruim?" - indaguei.

"Sim *e* não," - ele afirmou. "Tudo depende do que você está abrindo mão."

Miyamoto Musashi

Para me ajudar a compreender melhor como empregar *mushin* para acelerar a mente, meu instrutor me contou uma história sobre um famoso espadachim japonês chamado Miyamoto Musashi. De acordo com Miyamoto, sua atenção deve estar sempre fluindo. Se ela parar em qualquer lugar, a corrente é interrompida, e é essa interrupção que deteriora sua atenção. Tratando-se de um espadachim, a deterioração da atenção significava a morte. Musashi ensina que, quando um espadachim enfrenta um oponente, ele não deve pensar no seu inimigo, em si ou no movimento das espadas. Ele não deve pensar em nada e permitir que o que está no inconsciente venha à tona e assuma o controle.

Hollywood compartilhou do ensinamento de *mushin* no filme *O último samurai.* A história concentra-se em um grupo de samurais liderados pelo espadachim Katsumoto. Nathan Algren, papel desempenhado por Tom Cruise, é um americano que foi capturado em batalha pelo samurai. À medida que o tempo transcorre, Cruise encanta-se pela força física e mental dos seus capturadores assim como por suas incríveis habilidades com a espada. Em pouco tempo, ele tenta se livrar de seus hábitos menos saudáveis do passado, tornando-se mais um samurai. Na cena que envolve *mushin*, Algren está aprendendo a manusear uma espada. Ele tinha acabado de ser derrotado por Nobutada, filho de Katsumoto, em mais um treino. Algren encontra-se caído e é abordado por Nobutada, que tenta explicar-lhe por que ele continua perdendo. "Por favor, perdoe"- ele diz. "Você tem muitos pensamentos."

Algren pergunta o que Nobutada quis dizer com: "Muitos pensamentos?"

Nobutada tenta explicar novamente: "Você se preocupa com a espada, com as pessoas que estão olhando, com o inimigo. São muitos pensamentos. Não deve ter nenhuma preocupação."

De repente, algo no conselho do Samurai se torna compreensível para Algren – mesmo sendo somente um pòuco. Ele repete o conceito para Nobutada: "Nenhum pensamento."

Durante toda a próxima sequência de treinos, você testemunha Aldren aperfeiçoando seu manuseio da espada, e sua compreensão de *mushin* e atenção começam a ser incorporadas, até que ele para de pensar em tantas coisas e termina por derrotar Nobutada.

Mente de iniciante

Mente de iniciante é um conceito Zen (também empregado no treinamento de artes marciais) que afirma que se você quiser aprender bem qualquer coisa, deve alcançar a atenção simples e franca de uma criança, cuja mente encontra-se vazia e cheia de vigor. Ela não possui nenhuma ideia preconcebida e vê as coisas como são. Ela está livre dos hábitos da experiência e, consequentemente, é receptiva a todas as possibilidades. O personagem de Cruise, Algren, exibe a mente do iniciante quando, de repente, compreende a ideia de *mushin* e sua ligação com a atenção. O importante é que, independentemente do quanto este conceito lhe é estranho, Algren nunca deixa de levá-lo em consideração e, enfim, ele o compreende.

A mente de iniciante assemelha-se muito a *mushin* e remete à forma de pensar de Isabella, naquela manhã na cozinha. Ainda assim, não é igual a nenhum dos dois. A mente infantil é como um receptáculo desobstruído, de vigorosa atenção sem nenhuma derivada. Pura e alerta, é com essa consciência que nascemos. *Mushin*, por outro lado, é uma ferramenta na nossa caixa de ferramentas de atenção. Ele nos ajuda a limpar nossa tábula rasa novamente para que possamos engrenar nossa mente iniciante sempre que for necessário. Quando uma pessoa atinge a idade da minha filha, 3 anos, essa necessidade já se faz presente e cresce desse momento em diante. Isso nos faz retornar à J.D. Salinger, que afirma que ao final da adolescência nossa atenção pode nem mais ser nossa. E o que complica ainda mais as coisas é que, provavelmente, não temos consciência dessa perda. Como se verifica, psicológos e neurologistas atuais concordam.

Concentre-se/execute – enxágue/repita

Já em 1951, o renomado físico David Bohm definiu *atenção* como uma *habilidade* de controle de que todos necessitamos para administrar os resultados na nossa vida. Bohm enfatizou que, assim como todas as outras habilidades, a atenção vai aumentando e continua a se desenvolver durante toda a vida. Por esse motivo, sua atenção não é perfeita o tempo todo. De fato, Bohm afirmou, é comum sentir incerteza invadindo sua atenção à medida que você busca alcançar suas metas diárias.

O problema é que a incerteza cria hesitação, e a hesitação o leva a um emaranhado de pensamentos para tentar resolver a questão. Sendo consistente com o ensinamento das artes marciais, Bohm explicou que, à medida que você se concentra em um único pensamento, a extensão total de sua atenção começa a entrar em declínio. Consequentemente, você não pode mais relacionar seu pensamento ao maior número de opções. Isso não representará um problema se você já tiver identificado qual é a sua melhor opção nesse momento – você está sedento, há um bebedouro que já utilizou, a água é boa e então você pensa: "Eu beberei água daquele bebedouro." Sua solução funciona. Digamos, porém, que você esteja guiando em uma cidade desconhecida e está procurando um bom restaurante. Você localiza um – não sua primeira escolha, mas um restaurante aceitável. O restaurante é próximo da principal rodovia e você não tem certeza de como chegar lá. Então, você se concentra em procurar o cruzamento correto. Acha o caminho e acaba comendo no restaurante. No dia seguinte, você localiza o que teria sido sua primeira escolha – ironicamente do outro lado da rua de onde você inicialmente viu o restaurante escolhido.

Suas ações permitiram que jantasse, mas não que alcancasse o resultado desejável. Estudantes vivenciam esse mesmo fenômeno quando respondem a uma questão de prova de uma maneira e, mais tarde, depois de refletir, veem que havia muitas opções melhores que poderiam ter sido escolhidas. Imagine esta situação: um cachorro de estimação atravessa uma rua – em linha reta – para pegar algo que está do outro lado. Ele está tão focado no que quer que não percebe um veículo que vem em sua direção. Nesse momento, o declínio da sua atenção é catastrófico.

É como se a natureza nos obrigasse a escolher entre ter um pensamento aguçado ao invés de analisar toda a situação, e analisar toda a situação ao invés de ter um pensamento aguçado. Não nos parece dar muita margem para escolha. Imagine você tendo de escolher entre mudar de faixa em uma rodovia interestadual durante o horário do *rush* com uma ótima visão do carro ao lado, enquanto perde de vista o restante; ou com uma ótima visão de todo o trânsito, sem ver o carro do seu lado. Levando em consideração a quantidade de informações necessárias para um procedimento como mudar de faixa, é surpreendente que nós sejamos capazes de executá-lo. Contudo, realizamos esse procedimento – e normalmente muito bem. No entanto, você se lembra de todas as incertezas da primeira vez em que tentou?

As artes marciais ensinam que não precisa ser difícil alternar sua atenção do todo para alguma situação específica. *Concentre-se/execute* é o termo empregado no treinamento de artes marciais para descrever a sequência realizada corretamente: você se concentra em uma tarefa específica, executa-a, esvazia sua mente e prossegue para a próxima tarefa. Sua mente naturalmente aprende a transferir a atenção do todo para alguma situação específica, e finalmente com repetições suficientes, você fará esse processo automaticamente. Caso contrário, o espadachim seria derrotado por atacar no momento errado – ou, fora do tatame, você poderia acabar fechando o carro do seu lado por não controlar seu impulso de mudar de faixa naquele momento. É nesse momento que o *mushin* entra em jogo.

O mushin ajuda a mudar entre os estados de concentração/execução como um relógio, sem os habituais empecilhos da incerteza e da confusão. Ele aperfeiçoa sua aptidão inata de evitar que as informações que estão chegando possam rapidamente provocar um excesso de dados ou que sua mente tenha a tentação de focar-se apenas em uma informação. Ele mantém sua mente focada e lúcida até o momento da execução.

A grande questão

"Como alcançar o *mushin*?"- perguntei a meu *sensei*.

"Essa é a grande questão" - ele respondeu.

Ele tocou no meu ombro e pediu que eu o seguisse até o centro do recinto. Esse era seu jeito de responder à maioria das minhas indagações.

Assumi uma posição de combate e nós iniciamos um leve treinamento. Desde o início, estava tendo dificuldades para manter meu foco. Eu me sentia ansioso. Minha atenção pulava de uma coisa para outra e tinha um impulso irresistível de fazer algo, qualquer coisa. Então começei a desferir golpes. De fato, estava desferindo quase a totalidade dos golpes. Meu professor, por outro lado, não estava fazendo quase nada. Quando ele golpeou, acertou em cheio. Racionalizei que todo seu treinamento fez dele um golpeador mais ligeiro, mas finalmente descobriria que ele treinou sua *mente* para ser mais veloz e foi o que fez toda a diferença. Tinha muito que aprender.

Ser frequentemente atingido tornou-se comum para mim naqueles primeiros dias. Ainda tinha de aprender que a verdadeira velocidade é resultante de como você processa mentalmente as informações e da correta tomada de decisões, e não apenas do ímpeto de fazer as coisas rapidamente.

Uma vez, treinando com uma estudante mais avançada, vi meu instrutor observando do outro lado do *dojo* (local de treinamento de artes marciais). Tudo que conseguia pensar era como adoraria derrotar rapidamente minha adversária, somente dessa vez, e impressionar meu professor. Concentrei meu esforço e tentei fazer que isso ocorresse lançando um vistoso *cartwheel kick** contra minha parceira, mas ela

* Movimento acrobático seguido por um chute. (N. T.)

facilmente o bloqueou. Depois ela me deu uma rasteira, fazendo-me cair de rosto no tatame.

Meu instrutor não se mostrou impressionado – pelo menos, não em relação a mim. Em vez disso, ele trocou de lugar com ela e pediu que permanecesse no tatame. "Quero que você veja algo" - ele falou.

Então, fomos ao centro do recinto e a lição começou. Todos seus movimentos foram suaves e serenos. Seus olhos estavam bem abertos e compenetrados como os de um gato; eles pareciam espelhos – completamente atentos, porém, sem reflexão. Isto é o que muitos relatam sobre o olhar fixo das artes marciais. Minha tarefa era viajar para dentro daqueles espelhos e aprender algo sobre prestar atenção.

Tive a sensação de que meu professor podia prever todo movimento que faria. Nos anos seguintes, aprenderia que a ciência afirmaria que todos somos capazes de fazer essas previsões. De fato, nossos cérebros são conectados de maneira que possamos fazê-las – e em velocidades espantosas. Entretanto, para mim, a compreensão dessa capacidade, para não mencionar como empregá-la, ainda estava distante.

"Este é o tipo de intensidade mental que você deseja" - meu *sensei* comentou.

Quando eu estava treinando mais cedo, a intensidade que demonstrei era o tipo de agressividade que você usaria para cortar madeira. Esse tipo de foco concentrado é pura *in*tenção. O que ele estava tentando me mostrar era o oposto: *a*tenção.

"Seja paciente" - ele falou. "Procure visualizar seu alvo em vez de pensar nele."

Eu estava começando a perceber que, em várias ocasiões, não estava atingindo os alvos. Veio à minha mente que intenção na ausência de uma boa atenção poderia ser verdadeiramente perigoso.

"Um único pensamento é o suficiente para criar um intervalo nas suas ações. É nesse momento que você tem a maior probabilidade de cometer um erro e será incapaz de agir rápido o bastante para corrigi-lo" - ele acrescentou.

Os japoneses chamam esse intervalo perigoso (interrupção de pensamento) de *suki.* A melhor coisa a fazer, caso o *suki* ocorra, é aceitá-lo

– independentemente do que você faça, não resista, ou o intervalo somente se intensificará, criando um entrelaçamento de pensamentos e a incerteza à qual Bohm se referia.

Para me ajudar a compreender, meu professor me forneceu uma imagem. "Deixe sua mente fluir como água" - ele falou. "Sempre que você tiver um pensamento, deixe-o fluir através da superfície de sua mente como um reflexo, sem interrupção. Se você praticar, sua mente pode tornar-se de tal modo ligeira que ela parecerá automática." Meu *sensei* nunca mencionou Física para mim, porém, ele e David Bohm certamente pensavam da mesma maneira.

"Agora você compreende?" – ele indagou.

Entendi intelectualmente, mas ainda demoraria um tempo antes que realmente compreendesse.

Nos dias e meses seguintes, ele nunca argumentou seu ponto de vista em relação à atenção. Os tatames me *mostrariam.* Ele sabia disso. Depois de muitos meses de treino, um aluno mais graduado e eu estávamos lutando sob os olhares do nosso professor. O aluno mais experiente lançou uma sequência de chutes e então, rapidamente, lançou um soco na direção da minha cabeça. Sem pensar, ergui meu braço para bloquear o ataque, virei-me e executei um contragolpe. Tudo isso aconteceu instantaneamente.

"Muito bem!" - comentou meu *sensei*. "Perfeito, e você nem mesmo pensou a respeito."

Essa foi, talvez, uma das minhas experiências mais precoces de vivência do *mushin*. Estava começando a deixar minha mente fluir em vez de interrompê-la com pensamentos prejudiciais sobre o que deveria ou não estar fazendo. Prática e experiência estavam finalmente rendendo dividendos.

Ok, vamos desmembrar a atenção

Conforme saí do mundo das artes marciais e me aventurei no campo científico, cheguei ao consultório do Dr. Tram Neill, um dos principais psicólogos da Universidade de Albany.[1] Tive o primeiro contato com o trabalho de Neill no *Anuário de Ciência e Tecnologia McGraw Hill (McGraw-Hill*

Yearbook of Science and Technology), no qual ele havia escrito um capítulo sobre percepção.[2] Depois vim a descobrir a abundante pesquisa que ele realizou sobre o assunto, referendado por cientistas que trabalhavam com atenção, aparentemente de todos os lados.

O que me atraiu para seu trabalho foram suas extensas pesquisas no campo da *atenção seletiva;* isto é, a capacidade do seu cérebro de escolher, a cada momento, que informação é pertinente para suas metas imediatas – e que informação não é. Minha esperança era a de que ele compartilhasse comigo o quadro mais detalhado sobre o que ocorre dentro do cérebro quando você simplesmente para de pensar e de prestar atenção e que isso me ajudasse a afinar o sistema de habilidades de atenção que meu *sensei* havia me ensinado décadas antes.

O escritório do doutor Neill tinha a aparência que você poderia esperar do recinto de um cientista pesquisador: altas estantes repletas de livros, pilhas de papéis de trabalho por todos os lados, um computador no centro de uma grande mesa, mais papéis de trabalho ao redor e algumas cadeiras com mais estantes repletas de obras e montes de papéis de trabalho ao redor delas. Havia diagramas do cérebro humano na parede e um grande laboratório de pesquisa ao lado do seu escritório. Esperei um pouco mais de uma semana para falar com ele e estava ansioso para começar.

"Então por onde começaremos?" - ele indagou.

Neill acomodou-se na sua cadeira. Ele é uma pessoa afável e calma, veste camisas de flanela e jeans no inverno, e é de fácil trato. Sua pesquisa, que eu passei a admirar, tem muitas pistas para ajudar a decodificar os mistérios da atenção humana.

Começei compartilhando com ele a opinião de Isabella em relação à "ciência do cérebro" e um enorme sorriso emergiu em seu rosto. Percebi alguns quadros dos seus filhos sobre uma estante na parede lateral. *Talvez o comentário da Isabella o tenha feito se lembrar de algo que seus filhos disseram* - pensei.

Sua resposta veio na forma de uma indagação: "Se, em 200 anos, a ciência pudesse substituir um único neurônio no seu cérebro com um neurônio transistor, que é exatamente igual ao verdadeiro, sua mente ainda seria sua?"

"Acredito que sim" - respondi. "Você ainda teria a mesma informação na sua mente; suas memórias e sentimentos, todos ainda estariam lá, não é?"

"Isso mesmo" - ele disse. "Agora, e se você substituísse *todos* seus neurônios com transistores; sua mente ainda seria sua?"

Há uma diferença entre o que Neill chama de *forma* (as células que perfazem seu cérebro) e *conteúdo* (A informação que você carrega e descarrega do seu cérebro). "O conteúdo *é* sua mente" - ele disse.

A diferença está no cerne de compreender o que é atenção e como você pode usá-la eficientemente. Também está no cerne da determinação de Isabella de manter a posse de sua atenção.

Neill insiste que sua mente é a combinação de informações que ingressaram nela *e* o que você faz com estas. Na explicação de Neill, semelhante à de Bohm, sua atenção participa do processo.

Ele explicou que, naquele exato momento, partes de nossas mentes eram, até certo ponto, iguais – isto é, nós estávamos compartilhando informações semelhantes. (Imediatamente pensei em dois computadores distintos baixando partes das mesmas informações ou, tendo algumas sacolas dos mesmos alimentos nos nossos carrinhos e depois indo para casa, cada um fazendo uma coisa diferente com os ítens.) Todavia, o que estávamos fazendo com aquela informação era distinto. O fato é que, embora você compartilhe sua atenção com outros (outras mentes), no final, o que você faz com a informação que coleta pode ser tão pessoal quanto uma impressão digital.

Nesse sentido, o comentário espontâneo de Isabella sobre sua atenção pertencer a "ela" foi divertidamente preciso e algo que muitos dos pesquisadores com os quais conversei falaram que valia a pena registrar, especialmente em relação a manter uma boa atenção quando nos tornarmos adultos.

Quando conversei com o colega de Neill, o psicológo Frank Vellutino, diretor do Centro de Estudo e Pesquisa Infantil da Universidade de Albany, ele chamou a atenção para o fato que Isabella estava em um estágio de desenvolvimento pelo qual todos precisamos passar.[3] Escutar isso, de certo modo, foi decepcionante. Havia ouvido as histórias de como

Einstein literalmente possuía uma seção extra em seu cérebro, que pessoas comuns como você e eu não possuímos, e como isso foi, pelo menos parcialmente, responsável pela sua genialidade. O pai orgulhoso que se fazia presente em mim fantasiava ouvir que minha filha potencialmente também poderia ter uma extraordinária massa cinzenta. Contudo, o doutor Vellutino explicou, "Todos passamos por uma fase em que vemos as coisas no possessivo – como se literalmente nos pertencessem."

"Até mesmo nossa mente?" - indaguei.

"Até mesmo nossa mente" - ele disse. "Trata-se de controle e posse."

E isso, verifica-se, é benéfico – e vital à medida que nós nos tornamos adultos. O sentimento de posse da própria mente lhe dá um senso de controle sobre sua vida. Neill explicou que a posse gera confiança e ajuda a construir uma visão positiva do mundo. Desse modo, sentir-se como se *não* estivesse no controle poderia diminuir a autoestima e também provocar outros problemas como depressão. Ambas condições diminuem ainda mais o ato de pensar e fazem você não se sentir autêntico. Retornando à obra *O apanhador no campo de centeio,* Salinger estava tentando nos convencer de que não é fácil manter a posse de sua mente, mas é imprescindível para que seus pensamentos sejam autênticos e eficientes. Contudo, não é mais fácil falar do que fazer?

Desenvolver intensa consciência de si, ou de sua habilidade de sentir e possuir o que está na sua mente (conteúdo), pode ser um bom primeiro passo, e o desenvolvimento de empatia, ou sua habilidade de sentir o que outras pessoas estão sentindo (seus conteúdos), pode ser seu próximo passo.

"Empatia tem muito a ver com obter e manter controle" - explicou Vellutino.

Permitindo que os sentimentos dos outros entrem no seu campo, você poderá ver e contemplar como seu comportamento os afeta. A empatia permite que você antecipe as consequências dos seus atos. Trata-se de um estágio vital de crescimento porque lhe fornece mais informações para mensurar suas respostas à medida que você trabalha para alcançar suas metas diárias. Por exemplo, se você sabe que seu parceiro para de prestar atenção toda vez que levanta sua voz, mesmo que você o faça para enfatizar algo, poderá escolher consensualmente uma maneira melhor para enfatizar as coisas.

Para aqueles de nós sem uma massa cinzenta adicional como Einstein, o que se torna extraordinário em nossas vidas é o que fazemos com as informações que coletamos – que procedimentos singulares criamos e empregamos em nossas rotinas diárias, e é nesse momento que o sentimento de posse e a empatia podem realmente ter um papel relevante.

O doutor Todd Wysocki, um colega e amigo, sugeriu que o tipo de posse demonstrado por Isabella foi mais do que apenas palavras. "É sobre *si,* quem você é e o que está sentido interiormente" - ele afirma.[4] E, de acordo com Wysocki, uma vez que sua mente está conectada a outras e compartilha conteúdo, você é capaz de prever como o que você faz as afeta e como o que elas fazem afeta você. Sua noção de si o ajuda a dirigir sua atenção para onde ela fará o bem maior, alinhando suas necessidades com suas ações e com as necessidades e as respostas dos outros. Quanto mais autoconsciente você for, mais eficientes e genuínas suas ações podem se tornar. Sentir-se autêntico lhe dá a sensação de estar mais no controle, bem como as habilidades para administrar melhor a vida. Confiança e atitude positiva são os resultados naturais disso. E sua atenção, da mesma forma que seu corpo, vai se desenvolver.

Por outro lado, uma autoconsciência deficiente pode ser bem perigosa. Um exemplo interessante pode ser extraído da pesquisa do lengendário psicólogo B. F. Skinner. Em seu renomado estudo, a *Caixa de Skinner,* que ele desenvolveu para examinar comportamento animal, normalmente, coloca-se uma cobaia em uma caixa que contém uma alavanca e uma luz verde na frente. O animal aprende que se ele puxar a alavanca quando a luz verde piscar, receberá uma recompensa.

Neill explicou: "Digamos que eu coloque você e um camundongo em uma Caixa de Skinner. Toda vez que a luz verde piscar e você puxar a alavanca, receberá um dólar. Toda vez que o camundongo puxar a alavanca, ele receberá Purina Rat Chow (Purina Rat Chow realmente existe). Nós dois rimos. O fato é que poderíamos conduzir o teste mil vezes até que a resposta estivesse completamente condicionada. E eu imaginei esse camundongo defendendo-se bem contra mim. Estava me divertindo. "A essa altura, o comportamento do camundongo estaria bem estabelecido" - observei.

Neill arqueou suas sobrancelhas. Ele reclinou-se em sua cadeira e disse: "Mas digamos que o chamasse de lado e lhe falasse que colocaria uma luz vermelha na caixa e que, se você puxasse a alavanca quando a luz vermelha acendesse, receberia um choque elétrico letal. Você não puxaria a alavanca."

O camundongo, por outro lado, infelizmente o faria, "Mas," - Neill comentou: "não tenha muita pena do camundongo. Camundongos normalmente podem sobreviver apenas vivendo com seu próprio condicionamento".

Uma coisa que nos difere não só dos camundongos, mas também de outros animais, é nossa habilidade de criar, com nossas mentes, eventos que não ocorreram. Nós, diferentemente de outras criaturas, podemos prestar atenção a cenários imaginados e ter sentimentos e pensamentos a respeito deles, contemplar uma variedade de probabilidades e depois, levando tudo isso em conta, "pensar a respeito" e decidir que direção queremos dar às nossas experiências. Aqui, o pensamento ajuda você a visualizar como realizar o trabalho – como prestar atenção. Ajuda você a relacionar o que acontece consigo (seu eu), com seus desejos e lhe ajuda a fazer escolhas. E lhe ajuda a sentir-se no controle.

Semelhantemente ao meu *sensei*, Neill também enfatizou que ninguém está lhe falando para não pensar. "Tudo está relacionado: atenção, a organização de formas para conseguir o que você precisa e o ato de pensar" - ele disse.

Durante a década de 1960, de acordo com Neill, os cientistas gostavam de comparar a mente a um computador. A ideia, porém, de um único computador que controle tudo que você faz foi substituída pela imagem de vários computadores que controlam partes específicas de seu cérebro . Estas áreas incluem coisas como idiomas, habilidades motoras, prazer, dor e emoções. Cada área pode ser visualizada como seu próprio computador, com sua informação específica e cada uma se reporta ao "Presidente" de sua atenção, que pode decidir o que é ou não relevante, ao que você responde, assim como de que maneira, quando e por quê.

Neill explicou que há dois tipos de informação aos quais prestamos atenção e que armazenamos em nossos cérebros: O primeiro é denominado *conhecimento declarativo* e o outro, *conhecimento processual.* "Em linguagem leiga" - ele explicou - "a distinção é feita de maneira mais esclarecedora se falamos 'sabendo ISSO' ou 'sabendo COMO'. Enquanto o conhecimento declarativo é proposicional – tem um valor de autencidade – o conhecimento processual consiste de habilidades e operações que aplicamos ao conhecimento declarativo."

Assim, o conhecimento processual não pode ser traduzido em verdadeiro ou falso. Ele varia em grau. "Você aprende 'como' andar de bicicleta" - Neill explicou - "mas não há um momento em que andar de bicicleta é verdadeiro ou falso."

Por outro lado, sei que o nome de solteira da minha mãe era Verônica – conhecimento declarativo – e sei como escrevê-lo e contar o número de letras que contém – conhecimento processual.

Quando você se senta e tem uma conversa com seu parceiro(a) ou com um(a) amigo(a), você só pode contar com uma minúscula quantidade de todas as verdades que conhece. O conhecimento processual (habilidade), por outro lado, pode ser ativado a cada momento para ajudá-lo a alcançar suas metas.

Aqui está outra forma de contemplá-lo: conhecimento processual é empregar o que você sabe (conhecimento declarativo) e fazer algo com isso, assim como colocar em ordem alfabética a seguinte lista de sobrenomes.

- Smith
- Jones
- Lee
- Heathe

Experimente. Veja se você consegue sentir o processo de colocar em ordem alfabética contribuindo para a realização da tarefa. Perceba a rapidez com que se ativa.

Você pode imaginar a vida sem a capacidade de armazenar e recuperar esses procedimentos virtualmente automáticos? Você teria de reaprender até mesmo as operações básicas toda vez que viesse a precisar delas

– segurar um garfo, caminhar, falar, e até mesmo escrever seu nome. É suficiente afirmar que empregamos e dependemos do conhecimento processual muito mais frequentemente em nossas vidas diárias que do conhecimento declarativo. E isso é ótimo, contanto que os procedimentos que armazenamos estejam permitindo que obtenhamos aquilo que queremos. Eles fornecem soluções rápidas no gerenciamento da vida diária e reduzem nossa necessidade de pensar. Isso libera espaço mental e, consequentemente, acelera nosso poder de concentração para outras tarefas, incluindo reflexão ou análise.

Psicólogos definem atenção como o que (informação) você está colocando na sua memória de trabalho para ativar procedimentos para alcançar objetivos imediatos.

Estranhamente, seu campo de atenção age como um sistema de coleta ultrassofisticado, que visa um pedaço de conhecimento declarativo, trazendo-o para dentro de sua memória e relacionando-o com outras informações que você colocou lá para criar os processos que você emprega para realizar suas necessidades. Por exemplo: Você sabe QUE você está faminto. Sabe QUE, dobrando a esquina, há uma pizzaria. Sabe COMO chegar na pizzaria. Sabe COMO encomendar uma pizza. Sabe COMO consumi-la sem fazer muita sujeira.

A CADEIA DE COMANDOS DA ATENÇÃO

Vamos realizar uma análise mais detalhada. Psicólogos afirmam que a atenção não consiste exatamente em um único interruptor que você liga ou desliga. Em vez disso, é composta de vários interruptores que controlam uma cadeia de elos. Um dos elementos para ter uma boa atenção é ativar, na quantidade e na hora certas, o elo exato da cadeia. E até mesmo um pouco de conhecimento a respeito de como cada componente funciona é importante, especialmente em ajudar a identificar o que está funcionando bem na sua caixa de atenção em oposição ao o que não está fazendo sua parte.

Esse parecer sobre atenção ajuda a explicar por que é possível você destacar-se em uma área de atenção e não em outra. Por exemplo, você poder ter habilidades auditivas extremamente deficientes – não é capaz de recordar o nome de alguém um minuto depois de ouvi-lo – mas pode ter uma atenção visual acima da média – pode ser capaz de se lembrar da cor dos olhos de alguém depois de ter falado com essa pessoa por apenas poucos segundos.

Há vários modelos componentes de atenção com significativa justaposição. A maioria inclui ligações semelhantes; porém, a linguagem empregada para descrever essas ligações e o número de ligações na cadeia podem divergir. Assim, tomei a liberdade de combinar vários desses modelos com o propósito de fornecer o quadro mais amplo possível e estabelecer uniformidade de linguagem com as outras seções desta obra.[5]

Resumindo, o primeiro componente é conhecido por *atenção concentrada:* sua habilidade de se concentrar em dados sensoriais – o que você vê, escuta, toca, cheira e degusta. Psicólogos afirmam que é comum termos maior sintonização com um dado sensorial em relação aos outros. Como foi previamente mencionado, um indivíduo pode possuir uma ótima atenção visual e, contudo, não ouvir bem.

Atenção sustentada é o próximo componente. O oposto de ter uma boa atenção sustentada é a sensação de estar disperso ou a sensação de que sua mente está errante. Os psicólogos nos dizem que podemos nos manter concentrados por, no máximo, dez minutos. Após esse tempo, a atenção começa a desaparecer. A boa notícia, porém, é que a solução é frequentemente tão simples quanto reabrir ou aumentar seu foco e "permitir que ele respire", por assim dizer, mesmo se for por apenas um momento.

Atenção seletiva é sua habilidade de eliminar coisas do seu campo de foco – e de concentrar-se seletivamente em um aspecto da informação sensorial enquanto ignora os demais. Psicológos afirmam que a todo momento você se encontra tão inundado de informações, que, se prestasse atenção a todas, ficaria tão sobrecarregado que suas outras habilidades de processamento, como fala, atenção espacial e pensamento começariam a se desligar. Para ajudar, a natureza nos dotou com a capacidade inata de restringir nossa atenção a uma minúscula fração das informações que nos chegam, assim como a habilidade de alterná-la entre elas. Sua capacidade de manter uma conversa em um recinto ruidoso é um bom exemplo. Neill chamou essa habilidade do efeito "*cocktail party*". Todos já o vivenciamos

– você se encontra em uma festa em que há dezenas de conversas ocorrendo, mesmo assim ainda é capaz de atentamente prestar atenção ao que seu amigo está lhe dizendo, enquanto ignora as outras conversas que acontecem no mesmo recinto.

Atenção alternada é a próxima. De acordo com pesquisadores, atenção não se resume apenas a se concentrar em um único fragmento de dado sensorial ou em uma única tarefa que concentre todo o seu foco. É mais comum alternar entre uma tarefa e outra e de um fragmento de nova informação para outro. A notória conversa entre três é um bom exemplo: Se seu lar assemelha-se ao meu, você pode, de tempos em tempos, ver-se no meio de uma conversa telefônica e alguém, que está no quarto com você, dita informações que ele ou ela deseja que você transmita para o indivíduo do outro lado da linha. A *codificação,* que é a capacidade do seu cérebro de decorar os dados na sua memória ativa, o ajuda a colocar sua atenção no que alguém está falando, armazenar a informação e retornar à sua conversa com a outra pessoa, combinando as duas.

A atenção do CEO (*chief executive officer* ou presidente executivo) é conhecida como *atenção executiva.* Trata-se de uma questão de escolha. Mais importante que tudo, ela possui uma habilidade de fração de segundo de sobrepujar impulsos e objetos de atração – por opções favoráveis não tão óbvias. É o que assume o controle quando uma mãe se esforça para colocar três estridentes crianças em seus assentos no carro para que ela possa carregar as compras no veículo e percebe, em uma fração de segundos, que uma de suas crianças se soltou e está correndo em direção ao tráfego. É o motorista que, ao cruzar um farol verde, evita em uma fração de segundo, atropelar um cachorro desgarrado que surgiu em seu caminho. É o artista marcial que evita uma oportunidade de exibir-se para executar o movimento certo. É o empregado que, na sexta-feira à tarde, evita uma discussão e retorna ao seu lar sentindo-se leve, feliz e confiante.

O CERVO SURPREENDIDO PELOS FARÓIS DE UM VEÍCULO

A despeito da capacidade da nossa atenção de vetar impulsos em troca de melhores opções, a visualização e o processamento de informação demandam tempo e esforço, de acordo com o professor de Psicologia e Psiquiatria, Richard Davidson, da Escola de Medicina da Universidade de Wisconsin.[6]

Dando seguimento à linha que Bohm iniciou na década de 1950, Davidson explicou que nossa capacidade mental é limitada. Prestar muita atenção a uma coisa – por meio de pensamento ou limitando nossa concentração por muito tempo – pode implicar a perda da informação que seguirá logo depois.

"Quando sua atenção fica retida no primeiro alvo" - diz Davidson - "você perde o segundo. Esse efeito é denominado 'piscar de olhos de atenção', assim como quando você pisca, você está brevemente [momentaneamente] inconsciente dos sinais visuais."[7] Consequentemente, sua atenção se desliga temporariamente. O potencial problema é que o próximo detalhe pode ser justamente aquele que você mais quer ou necessita.

O professor Joel Warm, da Universidade de Cincinnati, também fala a respeito de distrações e como elas interrompem sua atenção. Warm relata: "o fenômeno é que quanto mais você olha, menos enxerga."[8] Isso faz que retornemos ao *suki* ou a um pensamento que se interrompe, o qual, lembre-se, nas artes marciais é superado – através de uma mente vazia.

Recentemente, indaguei a um estudante de Literatura: "Você vê alguma semelhança entre os escritores Stephen King e Edgar Allan Poe?" O estudante começou a responder referindo-se à última obra de King, mas ele se afundou quando não conseguiu recordar o título. Era possível notar que ele se sentia incapaz de prosseguir. Havia perceptível ansiedade nele – ele falou um pouco mais rápido, aparentava movimentar-se um pouco mais exaltadamente e perdeu a concentração. Sua energia aumentou repentinamente e estava a caminho de entrar em um estado de grande atividade. Sua insistência em lembrar-se do título o interrompeu e, finalmente, ele esqueceu-se da pergunta. De fato, ele perguntou se eu poderia repeti-la. Sua atenção havia sido invadida por uma particularidade secundária e esse detalhe tomou posse inteiramente. Coisas semelhantes ocorrem com todos, a toda hora.

Neill demonstrou quão fácil era um detalhe inesperado agarrar minha atenção. Ele solicitou que eu olhasse para um grupo de letras aleatórias espalhadas em uma página em branco. Isso aparentou ser bem simples. As letras tinham o mesmo tamanho e todas elas, com exceção de uma, eram negras. Do lado externo, na margem direita do grupo, havia uma letra vermelha. Meus olhos imediatamente pararam na letra vermelha, assim como minha mente. Era como se eu não tivesse escolha. Eu podia sentir meu "foco aberto" restringir-se e fixar-se na letra vermelha. Neill expicou que é isso que pode acontecer quando um detalhe "singular" entra no seu campo de atenção.

Para mim, o efeito foi imediato, e se isso é bom ou não depende das circunstâncias. Para a mãe que carrega mercadorias no seu carro e percebe que seu filho está prestes a correr na direção do tráfego, essa "invasão" de um detalhe é benéfica. Para o aluno tão focado em lembrar-se do título da mais recente obra de Stephen King que perdeu de vista a pergunta em si – não é tão benéfico. A demonstração de Neill me revelou, em primeira mão, de que modo incidentes como esses podem "matar" sua atenção – como ele definiu, "Como um cervo surpreendido pelos faróis de um automóvel."

O outro lado da moeda da pesquisa de Davidson, assim como as dos outros, sustenta que nossa habilidade de ocasionalmente captar um segundo sinal, embora estejamos direcionados ao primeiro, é possível com um controle mental adequado. Além disso, lidar e colocar para funcionar suas ligações de atenção e desenvolver uma intensa consciência de si e empatia pode ajudá-lo a gerenciar e gerar procedimentos mais rápidos e precisos. Eles também lhe ajudam a ter atenção de maneiras que incrementarão seus níveis de sucesso tanto para suas metas imediatas como para as de longo prazo.

A questão então é: como podemos fazer isso? A resposta nos faz retornar ao crepúsculo das artes marciais; de fato, há milênios, nas montanhas Sung da China.

China, 525 a.C.

As artes marciais começaram com o próprio desenvolvimento da linguagem e podem ser rastreadas há mais de 3 mil anos na China. No entanto, passaram-se milhares de anos até que essas disciplinas de combate se unissem com filosofia, quando em 525 a.C. o monge Budista Bodidharma caminhou através dos Himalayas da Índia para um venerável Templo Shaolin, localizado a uma grande altitude e em uma densa floresta de pinheiros nas montanhas Sung da China. O que ele descobriu foi que os monges que lá residiam e trabalhavam eram deficientes, tanto mentalmente, pois faltava-lhes vigor e atenção, quanto fisicamente, pois não conseguiam se defender de assaltantes. Essas vulnerabilidades o incomodaram imensamente. Em consequência, ele lhes ensinou um regime de exercícios para fortalecer a atenção, que incluía respiração profunda, *mushin* e meditação. Ele também inseriu na rotina diária dos monges um regime de exercícios tirado dos movimentos dos animais. Com o tempo, a combinação de todas essas atividades evoluiu no que é atualmente conhecido como *Kung Fu*. Muitos acreditam, até hoje, que o Kung Fu é o cerne de todas as artes marciais como atualmente as conhecemos. Os ensinamentos de Bodidharma conduziram as artes marciais de uma exploração de combate de uma única dimensão para uma disciplina holística para o fortalecimento da mente e do corpo.

Próximo dos meados do século XIX, quando a necessidade de habilidade de combate no Oriente diminuiu, o treinamento de artes marciais enfatizava o desenvolvimento pessoal e mental: viver uma vida melhor, tornar-se um pai, amigo e ser humano melhor. Os axiomas de combate foram substituídos com ideais de autoconsciência e bem-estar, juntamente com ensinamentos como: *esvazie sua mente; a verdade vem entre as respirações (ou "pensamentos"); máximo de benefício com o mínimo de esforço (ou estresse); cultive uma mente alerta; deixe sua mente fluir.* As artes marciais focaram-se mais em aperfeiçoar sua mente e seu interior que em lutar – com a esperança de criar uma vida melhor, mais livre e longeva, com a possibilidade de iluminação. Desse ponto em diante, habilidades de atenção tornaram-se o cerne do treinamento. A autoconsciência tornou-se a meta derradeira. E no cerne de todas as atividades aperfeiçoadoras da mente estava a meditação.

Do outro lado da história: A eleição presidencial norte-americana de 2008

Visualize um dispositivo que se assemelha a uma touca de banho e contém eletrodos suficientes para exibir uma imagem tridimensional do seu cérebro em um monitor de alta resolução. Além disso, ele pode medir seus pensamentos e sentimentos em velocidades superiores a 1/600.000 segundo. Isso parece bem distante da meditação, mas será de fato? O dispositivo que descrevi é empregado pela nova neurociência, que é tão precisa que pode captar você pensando sobre seu cabelo, até mesmo quando você insiste que está, na verdade, prestando muita atenção ao que alguém está lhe dizendo. Você pode estar pensando: "Tudo bem, estive lá, fiz isso, de fato". Por que falamos uma coisa quando sentimos outra? Estamos mentindo? Ou simplesmente não estamos prestando atenção em nós mesmos? Além disso, há algo que possamos fazer em relação a essa discrepância que pode aperfeiçoar nosso poder geral de pensamento.

O doutor Fernando Miranda é o principal diretor científico de uma empresa da costa oeste dos Estados Unidos, denominada Lucid Systems. A especialidade da Lucid é a produção de pesquisa científica de ponta para o desenvolvimento de marketing/propaganda. O doutor Miranda é neurofisiologista e cirurgião, assim como ex-docente da Escola de Medicina da John Hopkins School. Seus companheiros de equipe são todos "peso pesados" no campo da neurologia, com referências em neurocirurgia, imagens neurológicas, moléstias neurológicas e reabilitação, e milhares de páginas de pesquisas em relação ao que e como as pessoas pensam. A Lucid Systems se especializa no que capta e guia a atenção de indivíduos e esse é o tipo de informação que faz a alegria dos pesquisadores de opinião e anunciantes.

O que me levou ao trabalho do doutor Miranda foi uma história fascinante que se espalhou vertiginosamente pelas principais redes de comunicação. Abordada na CNN, na ABC's no *Today show,* no Discovery e, em destaque, no *Wall Street Journal,* a história demonstrou, sem sombra de dúvida, que a empresa Lucid Systems sabia exatamente como prender a atenção das pessoas.

Imagine: é 7 de janeiro de 2008, véspera da importante primária presidencial do Estado norte-americano de New Hampshire. Você tem acompanhado a intensa disputa dos candidatos Clinton, Obama e Edwards, pelo Partido Democrata e dos Republicanos McCain, Romney, Huckabee, Guiliani e Paul. Você pode ter se perguntado, às vezes, se os indivíduos realmente votariam em uma mulher ou em um afro-americano. Os conservadores aceitariam um republicano que fosse taxado como muito liberal pelos seus colegas? Praticamente todas as transmissões da televisão que você viu falando a respeito das eleições exibiram gráficos que rastrearam a atenção dos eleitores indecisos a cada momento, mensurando suas aprovações, desaprovações e o que eles gostam e desgostam em relação aos seus candidatos. Talvez você tenha se perguntado a respeito da precisão desses gráficos.

Então, na véspera das primárias de New Hampshire, o *Today Show* veicula uma reportagem que cita os milhões de dólares que as campanhas políticas desembolsam com pesquisas de opinião pública. Katie Couric sorri, afirmando que as pessoas não só mentem para os peritos em sondar a opinião pública, mas para si mesmas. Ela zomba, afirmando que, quando as pessoas falam que estão pensando em política, elas na verdade estão pensando no cabelo de alguém.

O paragráfo acima retrata como a neuroimagem de vanguarda é capaz de revelar a verdade sobre seus pensamentos e sentimentos, assim como sobre aquilo em que você está ou não prestando atenção. Uma figura aparece na tela da televisão e exibe o cérebro de uma pessoa em relação a política. Estranhamente, a imagem assemelha-se a um radar *doppler*, porém colorido. A parte traseira do cérebro na tela está marcada em vermelho, indicando o que está sendo atribuído a "um sentimento puro". A cor vermelha demonstra que o indivíduo desfruta o que ele ou ela está sentindo.

A história de Couric concentra-se em uma experiência realizada pela Lucid Systems e o doutor Miranda. As cobaias para a experiência foram um grupo de eleitores "indecisos" do Estado norte-americano de New Hampshire, que assistiram ao debate promovido pelo canal ABC e estavam tentando decidir qual candidato(a) preferiam. O grupo observou

Hillary Clinton à medida que ela se agitava: "Eu quero realizar mudanças." – ela referia-se a si mesma como a primeira mulher concorrendo à presidência dos Estados Unidos. Depois ela teve um comportamento um pouco infantil, aparentando tristeza (expressões faciais e tudo mais) a respeito do entrevistador não ter percebido esse fato. Ela sorriu. As varreduras eletrônicas da Lucid System demonstraram que o grupo realmente gostou de suas respostas.

Entretanto, quando Barack Obama retornou, falando para não se preocupar, que ela era "suficientemente popular", as varreduras exibiram uma reação negativa imensa entre os membros do grupo. "Os eleitores nem ao menos têm consciência de quanto eles não gostaram do comentário," afirmou um representante da Lucid. A atenção deles foi desligada. A autoconsciência (ou nesse caso a ausência dela) desempenhou um papel quando mais tarde foi solicitado ao grupo para que eles realmente pensassem e refletissem o porquê de eles não terem gostado do comentário de Obama. Os membros do grupo fizeram comentários como: "Barack está estragando a diversão dela" e "Ele simplesmente não gosta muito dela" e esses comentários os incomodaram. Outra surpresa, o grupo elogiou vários comentários do candidato Edwards, mas na tela da televisão a varredura não exibe nenhuma alteração de suas ondas cerebrais; verdade seja dita, eles não ficaram emocionados. Novamente, a atenção deles foi desligada em relação ao que eles realmente estavam sentindo em favor de outra coisa. Mais tarde, quando solicitados para refletirem a respeito dessa discrepância, os membros do grupo explicaram que eles não acharam que Edwards poderia cumprir muitas das suas promessas exageradas.

Mesmo assim, a pesquisa de opinião pública do jornal *USA Today* deu a Obama a liderança nas pesquisas – até a noite da primária. Contudo, um dia depois, os eleitores do Estado de New Hampshire deram seus votos a Hillary Clinton. Então, em que os institutos de pesquisa erraram? Ou seria essa discrepância um subproduto da atenção deficiente de alguém? Se sim, de quem?

O doutor Miranda emprega instrumentos repletos de eletrodos que medem a transpiração e o movimento muscular – reações emocionais que rastreiam sua atenção e demonstram do que você realmente gosta ou não gosta. E, às vezes, ele aponta, nós realmente falamos o que sentimos. Então, o que está ocorrendo quando há discrepâncias como aquelas apontadas na experiência de New Hampshire? Estamos mentindo? Dave Remer, cofundador da Lucid Systems, descreve o fato como "mais uma verdade desarticulada.

Miranda explica: "Conforme envelhecemos, aprendemos a ser politicamente corretos. Todas as camadas não ditas que vêm com esse disfarce encobrem a verdade não dita."[9]

Você se desvia de seus verdadeiros sentimentos (sua autoconsciência), colocando sua atenção em outra parte - neste caso, em ser politicamente correto. Por exemplo, Lucid entrevistou um eleitor branco que insistiu que gostava de McCain e Obama igualmente, mas varreduras demonstraram que ele na verdade gostava mais de Obama. Por outro lado, eles entrevistaram um homen negro que criticou Clinton, afirmando: "Ela de certo modo personifica a velha escola política" - mas o cérebro dele demonstrou que realmente havia gostado do que ela disse.

"Tudo está relacionado com o que você está inserindo no seu campo de atenção" - Miranda me disse. "Há 11 milhões de *bits* de dados fluindo pelo seu cérebro a cada segundo, mas você só consegue lidar com aproximadamente 40. Neste instante você está recebendo milhões de informações sobre o *status* do seu dedo do pé direito."

A "ideia" me entreteve. Como se um ímã tivesse atraído meus pensamentos para lá, imediatamente começei a pensar sobre o meu dedo do pé, quente e confortável dentro do meu sapato; podia sentir minha meia ao seu redor, a parte inferior do meu sapato sob ele, o chão e assim por diante. O doutor Miranda acrescentou: "Mas você sequer estava pensado sobre o dedo do seu pé direito antes de eu mencioná-lo". Nós rimos porque sabíamos que eu estava, sem sombra de dúvida, pensando nele agora.

"Então" - ele explicou - "Você pode alterar sua atenção, ligar alguns componentes e desligar outros. Você é como um maestro de orquestra. Pode convocar os violinos, instrumentos de sopro de madeira, instrumentos de sopro feitos de metal, instrumentos de percussão e assim por diante. Você pode convocá-los ou não, de forma leve ou intensa."

A quantidade de informação sensorial que você coloca para dentro ou para fora é denominada de *gating*. Miranda abaixou o volume de sua voz para um sussurro. Imediatamente respondi aguçando meus ouvidos. Aparentava ser uma reação instintiva. "Se eu abaixar suficientemente a minha voz, você se ajustará" - ele disse. Isso porque eu automaticamente coloquei minha atenção no centro auditivo do meu cérebro e aumentei o volume. A maioria de nossos processos de atenção são involuntários porque ocorrem tão velozmente – dentro de 1/600.000 de segundo, explicou doutor Miranda. E essa é a maneira pela qual a natureza nos protege: talvez o mais conhecido processo de alta velocidade com o qual estamos todos equipados seja a percepção (consciência inata) de lutar ou correr.

"Você não chega a pensar no quão rápido fugirá de um dinossauro; você na verdade apenas precisa se dar conta disso" - afirmou Miranda.

"Contudo, o que ocorre quando sua consciência extremamente veloz inata está errada? A impressão que me dá é de que isso pode rapidamente trazer transtornos" - comentei.

"É isso mesmo" - ele disse. "Há uma história que eu uso para esclarecer esse ponto." Essa era sua versão do conceito de "cervo sob faróis de automóvel", do Doutor Neill. Doutor Miranda continuou falando.

"Um homem está sendo perseguido por um tigre. Ele corre atentamente pela floresta. Toda sua atenção está ampliada e alerta ao tigre, que pode potencialmente aparecer de qualquer lugar. De repente, do canto de seu olho, ele vê um coelho. Ele não pode evitar colocar sua atenção no coelho. Não é o tigre, mas o homem de todo o jeito o contempla. Ele não tem escolha."

"Potencialmente perigoso" - eu disse.

"Sim" - Miranda concordou. "Muito."

Detalhei o teste de que havia participado com Neill e especialmente como a letra singular no grupo foi capaz de "congelar" minha atenção quase imediatamente. Miranda me falou que essas reações podem ser corretamente mensuradas e ocorrem em milissegundos – e então você tem a sensação de não ter escolha.

"Quando entro em um recinto" - ele explicou-, "vejo um latino que é baixo e fala com sotaque. Você acessa seu arquivo mental e categoriza essa informação com o que você viu e vivenciou previamente e decide se gosta ou não desse indíviduo. Nessa fração de tempo correspondente a 1/600.000 de segundo, você já fez sua escolha. É difícil mudar de ideia mais tarde. De fato, é como nadar contra a corrente e isso dura excessivamente.

Muitas vezes, apenas nos conformamos com essas reações extremamente velozes, independentemente de elas nos beneficiarem ou não, mas devemos mesmo aceitá-las? Podemos alterar processos que ocorrem de modo tão veloz que não temos ciência deles?

"Não é fácil. Você precisa inundar sua mente com novas informações" – falou Miranda. Você precisa criar novos processos que se desencadearão nessas mesmas altas velocidades. Isso nos faz retornar à explicação de Neill de usar novas informações para criar novos procedimentos.

De acordo com Miranda, embora não tenhamos consciência dessas percepções que ocorrem em frações de segundos, *podemos* pensar sobre elas. E a reflexão é um passo imprescindível para obter o controle de pensamentos e reações velozes – da mesma forma que os participantes da experiência das primárias do Estado norte-americano de New Hampshire foram capazes de aprender algo sobre seus verdadeiros sentimentos, quando discrepâncias lhes foram exibidas por meio dos instrumentos eletrônicos. A ponderação permite arrumar os procedimentos correntes ou substituí-los por novos mais alinhados com suas atuais metas.

As artes marciais não contam com instrumentos eletrônicos do mundo neural. Elas, porém, enfatizam o emprego de reflexão – primeiramente, de avaliar-se e depois revisar os procedimentos para que eles estejam em sintonia com suas metas. Nunca é demais acentuar essa ideia de coordenar as coisas às quais você está dirigindo sua atenção para as operações, as condições e os desejos do seu íntimo. De fato, as artes marciais insistem nesse ponto. Adicionalmente, as artes marciais têm historicamente ensinado que o melhor caminho para essa reflexão é a meditação, e muitos psicólogos e neurologistas concordam. De fato, há muitas pesquisas no exterior que citam a meditação como uma maneira viável e não médica de obter controle eficaz sobre os velozes processos intencionais que podem nos separar de nossos verdadeiros sentimentos.

Se há uma incontestável evidência que surge dessa colaboração entre a ciência e as antigas artes marciais, é esta: atualmente, há evidências científicas de que o regime de *mushin*, foco/execução, meditação e habilidade de visualização funcionam. E, com isso, surge uma compreensão, ainda mais fácil de usar, do porquê dessas habilidades funcionarem assim, de como empregá-las para desenvolver, revisar e até mesmo encurtar uma ampla gama de velozes procedimentos para facilitar o pensamento mais rápido e perspicaz sob comando. Além disso, elevados níveis de autoconsciência e empatia podem ajudar a manter esses procedimentos precisos e autênticos.

Miranda observou que as pesquisas sobre a atenção demonstraram que as ondas cerebrais (padrões elétricos no seu cérebro) geradas durante a meditação têm a capacidade de desacelerar consideravelmente as percepções de alta velocidade. Essas ondas cerebrais alteram sua mente para um nível de consciência mais relaxado e alerta, no qual as reações fluem mais natural e controladamente. Isso desacelera a entrada de informações no seu campo de atenção e permite que você preste atenção a percepções e procedimentos que, de outra maneira, permaneceriam inconscientes. A meditação permite que você alterne sua atenção entre si, os outros e os procedimentos que está eliminando à proporção que executa suas metas. Grande quantidade de pesquisas de laboratório concordam com essa afirmação.

Os neurocientistas da Universidade da Pennsylvania, doutora Amishi Jha e doutor Michael Baime, relatam que "até a prática de meditação em pequenas doses pode melhorar significativamente a atenção das pessoas, especialmente a habilidade de focar rápida e corretamente enquanto se gerencia tarefas e prioriza metas."[10] O que é significativo a respeito dessas descobertas é que elas foram além da simples melhora do nível de vigilância, mas também proporcionaram melhora em outras tarefas. Como foi dito pela própria doutora Jha, "É como se aprender a andar de bicicleta o tornasse mais habilitado para andar na corda bamba."[11]

As descobertas de Jha e Baime foram repetidas pelo *Waisman Laboratory for Brain Imaging and Behavior* da Universidade de Wisconsin.[12] Resultados semelhantes também ocorreram nas Faculdades de Harvard,

Yale e MIT. Essas descobertas aumentam as evidências para algo que os povos da antiguidade simplesmente aceitavam como a necessidade de um treinamento mental e físico que pode remontar a Bodidharma e seus ensinamentos. A atenção humana pode ser treinada e é maleável. Habilidades como *mushin*, foco/executar, meditação e visualização perpetuam-se. De fato, muito das boas notícias no mundo da neurociência gira ao redor da noção de *plasticidade* – que é a capacidade de alteração do cérebro. O fato de que nossos cérebros possam ser treinados e alterados em relação à atenção é significativo porque significa que não estamos condenados a ter uma parcela fixa de atenção quando nascemos que permanece conosco durante toda a vida. Na verdade, é o oposto que acontece. Atualmente, sabemos que, em apenas oito semanas, em muitos casos, podemos começar a reverter as perdas que o envelhecimento traz à nossa atenção. E, de acordo com muitos pesquisadores, não há limites para essa melhora.

Então, toda essa pesquisa sugere que há algo que podemos fazer para controlar sentimentos e pensamentos que ocorrem conosco, mesmo quando acontecem em milissegundos? Podemos aprender a sobrepujar - ignorar discrepâncias entre o que falamos, pensamos e sentimos, e o que fazemos - como aquelas vistas nas pesquisas de opinião pública das eleições presidenciais norte-americanas de 2008? A resposta é *sim*. Se encararmos com seriedade nosso poder de atenção, há muito que podemos fazer para prevenir aqueles tipos de erros.

VAMOS ESPIAR O INTERIOR DO CÉREBRO DE ALGUÉM QUE MEDITA

Imagine-se sentado, com os olhos fechados, com sua atenção na respiração ou talvez em um objeto específico do ambiente. Você está intencionalmente fazendo isso para relaxar e sua mente parar de pensar. Sempre que sua atenção se desvia ou pensamentos presivelmente surgem, você suavemente faz sua atenção retornar ao seu foco inicial a fim de evitar seu desejo de pensar. Fazendo isso coloca seu(s) pensamento(s) no segundo plano ao invés do primeiro plano de sua atenção.

Essa é a maneira mais habitual e popular de *attention meditation* ou (meditação de atenção). É frequentemente empregada para acalmar e desestressar a mente – e o corpo – colocando você em estado de vigilância não pensativa. Pesquisas realizadas no Laboratório W.M. Keck enfatizam que, com a prática, você pode entrar nesse estado mental quando desejar, até mesmo durante as rotinas diárias – sem a meditação em si. Lembre-se do quão veloz foi o procedimento de colocar os nomes em ordem alfabética quando você o ativou? O que tornou isso possível foi o fato de você haver, em alguma parte e ao longo de algum tempo, repetido o procedimento suficientemente para armazená-lo na sua mente. O professor Davidson da Escola de Medicina da Faculdade de Wisconsin afirmou que o mesmo ocorre com a mentalidade meditativa. Durante quase a totalidade das últimas duas décadas, Davidson tem trabalhado com o Dalai Lama, líder spiritual dos budistas tibetanos, para estudar os efeitos de meditação no *Waisman Laboratory for Brain Imaging and Behavior.*

"Não há nada de misterioso a respeito dessas atividades," afirma Davidson. "Elas podem ser compreendidas do ponto de vista pragmático da ciência Ocidental."[13]

O importante é que a meditação, de acordo com Davidson, pode ser usada para ajustar a atenção e pode ser aperfeiçoada por meio de aprendizado.[14] Parte do processo de aprendizado é repetição e prática, e as pesquisas de Davidson demonstraram que esse regime no devido tempo permite que esse processo seja desencadeado, sob comando, sem a meditação em si. Isso é extremamente importante se você for empregar seu mecanismo de atenção para aprimorar seus pensamentos, sentimentos e reações às coisas.

Há outra forma de *attention meditation,* talvez mais incomum. Nessa meditação, o próprio pensamento – de fato, todo seu campo de ciência – torna-se o objeto de sua atenção. A primeira parte dessa meditação é idêntica à anterior. A diferença reside em que uma vez que você aquieta sua mente, sua tarefa (por aproximadamente 15 minutos) é relaxar e focar sua atenção na totalidade dos pensamentos que desfilam pela sua mente, sem pensar em nenhum deles. De um modo, você está treinando seu sistema de busca de atenção (*attention's fetching system*) a se tornar um dos tampos de eletrodos do doutor Miranda. Você está, na realidade, escaneando o próprio cérebro. Olhando para dentro de *si* – a imagem que crianças, como Isabella, foram condicionadas a formar, por vários anos e que Salinger nos alerta que correremos o risco de perder, a não ser que nos a agarremos com firmeza.

De acordo com Davidson, da mesma maneira que o exercício físico treina o corpo, habilidades de atenção podem ser treinadas e desenvolvidas com a prática.[15] Experiências realizadas na Universidade da Pennsylvannia demonstraram que até mesmo 30 minutos diários de meditação são capazes de melhorar a capacidade de controlar a atenção e o foco, até mesmo para aqueles indivíduos que possuem muitas exigências diárias.[16]

Deixe-me dar a você uma dessas *attention meditations* para que possa tentar sozinho. Não se preocupe se cometer erros aqui e ali.

> *Comece abrindo seu campo de atenção para sua configuração mais ampla, como na primeira meditação neste capítulo. Uma vez calmo e alerta, concentre-se em ver e sentir o que está ocorrendo com seu corpo e sua mente, sem interrupção (*suki*). Perceba quaisquer áreas de rigidez em seu corpo (normalmente no peito, nos ombros, no abdomen e nas coxas) que começam a relaxar. Deixe sua mente relaxar ainda mais. Caso cenas de incidentes que ocorreram na sua vida ou que você esteja imaginando surjam na sua consciência, permita que elas vagueiem de forma objetiva. Essas cenas podem incluir pessoas, lugares, coisas, eventos, sentimentos e assim por diante. Evite o desejo de agarrar-se em qualquer uma delas. Deixe sua mente fluir com essas imagens, sem nenhuma interferência. Vá para onde quer que elas o conduzam; apenas continue. Observe quaisquer procedimentos (os seus e os de outra pessoa que poderá entrar no campo de sua meditação) que aparentem ser automaticamente atraentes. Observe os efeitos que esses procedimentos têm sobre você e sobre os outros, e especialmente sobre os objetivos imediatos de qualquer pessoa.*
>
> *Mais tarde, empregue seu poder de pensamento para refletir e avaliar quaisquer procedimentos automáticos que tenha testemunhado entrando em vigor. Cogite criar novos procedimentos ou refinar os já existentes para ajudá-lo a atingir suas metas.*

Essa forma de meditação utiliza suas habilidades de atenção para fundir seu mundo interno e externo. Torna suas respostas às coisas mais velozes, mais conscientes, empáticas e efetivas. O ato de pensar é minimizado e colocado junto à experiência e ao sentimento fazendo que você crie procedimentos e os manobre em direção às suas metas.

Lembre-se de que a meditação lhe dá um acesso não medicinal aos padrões de ondas cerebrais. Apenas um pouco de conhecimento sobre a mecânica deles lhe permite compreender os princípios básicos e relacioná-los às suas rotinas diárias. Primeiramente, todas as ondas cerebrais são movimentos elétricos no cérebro. Esses movimentos podem ser mensurados usando-se um eletroencefalógrafo, para se fazer um eletroencefalograma (EEG). Eletrodos colocados no couro cabeludo medem as frequências dessas ondas. Da frequência mais alta à mais baixa, essas ondas são denominadas beta, alpha, theta e delta.

Beta é seu estado acordado, dentro do qual você pensa, escuta, analisa e resolve problemas. Este é seu estado mental habitual quando está no trabalho, na escola ou quando você faz compras. Sua atenção geralmente começa mais alerta (vigilante), mas o sentimento de estresse que você gera ao se concentrar em um pensamento após o outro, no fim atenua sua atenção, diminui seu pensamento e esvazia sua energia.

Alpha é mais lenta. Ela faz você se sentir relaxado, pensativo e atento ao seu ambiente. Essas ondas trazem um estado de consciência relaxado e vigilante que você vivencia durante a meditação. As ondas alpha estimulam a criatividade e produzem um aprendizado mais veloz e decisivo, sem o ato de pensar.

Theta é uma onda cerebral ainda mais lenta que alpha. É o estado entre vigília e sono. Nesse estado, lembranças, pensamentos e outras informações que lhe escapam à atenção durante seu estado de vigília podem ser lembrados.

Seu estado delta é o mais lento. Este é o estado em que ocorre um sono profundo e sem sonhos.

Os níveis das ondas cerebrais não só fornecem compreensão sobre sua mente, mas também podem ser estimulados para verdadeiramente alterar seu nível atual de ciência. Por meio do aumento e da diminuição de determinadas frequências, você pode movimentar sua atenção através de uma variedade de estados mentais que se estendem de um alto nível de vigilância a outro completamente relaxado. Do mesmo modo, você pode interferir sobre quão intensamente entrará em cada nível.

Bodidharma não tinha acesso a instrumentos que pudessem mensurar a atividade cerebral; todavia, o que ele estava ensinando para os veneráveis monges, apesar da terminologia, era que por meio de meditação você pode treinar sua mente para entrar em um estado alpha altamente energético e claro, quando desejar – até mesmo dentro do estado mais lento, Theta. Além disso, ele lhes ensinou que quanto mais você praticar entrar neste estado, mais fácil se torna permanecer nele e por períodos de tempo maiores. E, conforme prosseguimos para dentro do mundo de treinar a atenção, descobrimos que a repetição é uma prática de muitas virtudes.

Atualmente neurologistas e psicólogos realizam importantes descobertas no estudo de como a alteração natural dos módulos pode permitir que as pessoas entrem em estados de maior inteligência, criatividade, relaxamento e energia. Na vanguarda de dessas pesquisas está o doutor Siegfried Othmer, que insiste que "*Biofeedback* é a tentativa de treinar o corpo/mente para que eles recuperem sua capacidade autorregulatória inata, através de um processo de aprendizagem, ou reaprendizagem.[17] Othmer e sua esposa, Susan Othmer, fundaram o Instituto Othmer, em Hollywood, Cálifornia. Psicólogos na ativa e pioneiros de *neurofeedback* (um EEG de *biofeedback* que emprega eletrodos para identificar padrões de ondas cerebrais), os Othmer descobriram que o treinamento para alterar as ondas cerebrais pode resultar em "melhora no QI, aquietação de uma mente ansiosa e a devolução das pessoas aos seus amigos e familiares – ajudando os indivíduos a encontrar os ritmos nos próprios cérebros".[18]

Além disso, Othmer reportou que *neurofeedback* é uma maneira de intervir nas redes de atenção do seu corpo, memória e funções cognitivas específicas. Pode ajudar ainda a regular o mau humor, as emoções, o controle motor e a habilidade de prestar atenção ao mundo sensorial.[19] Desse modo, o *neurofeedback* aumenta a autoconsciência, a autoestima e a expressão da própria personalidade.

Os pesquisadores Dr. E. Green e K. S. Ozawkie relataram que: "Experimentalmente, o *feedback* (retroinformação) theta e *vipassana* [meditação] induzem a estados de atenção que são tão semelhantes que o treinamento theta pode, sem exagero, ser chamado de *vipassana* 'útil' ".[20]

A alteração dos modos de atenção de uma vigilância alta e relaxada para um estado de baixa vigilância não é algo que se aprende na escola. Um clínico de *feedback* pode, entretanto, sentá-lo em sua clínica e com um clique de um botão guiar sua atenção do tipo de vigilância elevada e ansiosa que você sente após um expresso duplo do Starbucks para o clássico sentimento de atordoação, que você tem quando fixa seus olhos em seu celular pensando na pessoa para quem você estava prestes a ligar. O *neurofeedback* aperfeiçoa a atenção empregando instrumentos para ajudá-lo a sentir seus níveis de atenção (beta, alpha, theta e delta), conforme eles são atingidos. Consequentemente, você se torna mais sensível em como seu corpo se sente e reage a cada alteração e, finalmente, aprende a selecionar os níveis apropriados de atenção por si só, sem instrumentos, de acordo com sua vontade.

O que importa é que você não precisa depender de cientistas e máquinas para ajudá-lo a fazer isso. Você pode aprender a ativar e alterar entre os mesmos níveis de atenção naturalmente – por meio de meditação.

Toda essa discussão entre equipamentos eletrônicos e habilidades inatas provavelmente continuará por muito tempo. Isso faz que eu me lembre de uma discussão semelhante do mundo da música: muitos músicos consideram Jimi Hendrix o primeiro dos notáveis e "vibrantes" guitaristas. Essas pessoas argumentam que Hendrix criou muitos dos efeitos que ouvimos em suas músicas (assim como nas músicas atuais) utilizando apenas seus dedos, guitarra e amplificador. Sou uma dessas pessoas. Entretanto, não tenho nada além de admiração pelos engenheiros que criaram dispositivos eletrônicos para reproduzir os efeitos de Hendrix. Suas engenharias permitiram que o restante dos guitarristas se assemelhassem a Hendrix, embora eles talvez não possuíssem sua singular mescla de habilidades nas pontas dos dedos. Eu não me sinto desconfortável com essa interação entre arte e ciência porque ela continua a estimular o potencial humano. Hendrix usou e excedeu todo dispositivo eletrônico que caiu em suas mãos, assim como os recém-chegados também empregarão e excederão os eletrônicos que os precederem.

Respiração Zen

Imagine que já faz um mês que você participa de um programa de artes marciais. Seu instrutor programou uma aula para antes do nascer do Sol e você concordou em participar dela. Quando o dia finalmente chega, é uma manhã de congelar os ossos. Está nevando e tudo lá fora está coberto de neve. O céu está escuro e a lua – fria e pálida – ainda brilha. A neve cobriu os troncos das árvores e os fios da rede elétrica. O mundo todo está silencioso, reluzente e coberto de branco. Imagine sair nesse ar gélido com o maravilhoso clima invernoso em estado de extrema excitação com a sensação de aventura que você sente quando está prestes a fazer algo incomum.

Você chega ao *dojo* e o instrutor solicita que a dezena de alunos presentes se sentem em fileiras, com as pernas cruzadas sobre o tatame, de frente para as janelas de seis metros de altura. Você percebe que ainda está escuro lá fora e nevando mais intensamente do que quando você saiu de casa. A sala está fria e você também sente frio. Seu instrutor se senta em frente ao grupo e diz que hoje vocês aprenderão uma nova maneira de respirar. Você está curioso porque muitas coisas das artes marciais são relacionadas com reaprendizados e o treinamento de habilidades básicas, começando por prestar atenção e agora por respirar. Seu instrutor segura dois blocos de madeira, um em cada mão, repousando sobre suas pernas.

"Quando eu bater um bloco contra o outro" - ele disse - "Quero que vocês inspirem, enchendo seus pulmões de ar. Usem a parte inferior de seus pulmões para puxar o ar para dentro. Isso os forçará a respirar com o abdômen. A maioria das pessoas usa somente a parte superior de seus pulmões, não a inferior e, consequentemente, não inala ar suficiente. Não quero que vocês expirem até que me ouçam bater os dois blocos novamente, e assim por diante."

Há um som suave no momento que todos expiram juntos. Depois mais uma batida dos blocos e todos novamente inspiram.

"Visualizem o ar que estão respirando como uma névoa branca e limpa entrando pelos seus narizes" - diz seu instrutor. "A seguir, visualizem o ar fluindo através de todo o corpo, carregando-os de energia e depois saindo pela boca."

Conceitualmente, o exercício de respiração é simples, no entanto, no início você sente um pouco de dificuldade de se manter sincronizado. Você se pergunta se é o único a se sentir dessa maneira. De qualquer modo, você continua tentando. Você gradualmente descobre que visualizar sua respiração como uma névoa fluindo para dentro e através do seu corpo mantém todos os seus outros pensamentos longe de sua mente. Você descobre que quanto mais tempo mantém esse foco, mais relaxado você fica. O frio que você sentia antes desaparece e seu corpo sente-se quente. Sua mente está leve, atenta e pronta para fluir em qualquer direção.

Alguns dias mais tarde, a situação é bem distinta. Você está correndo pela sua casa sentindo-se ansioso porque não consegue se lembrar onde colocou as chaves do seu carro. Você também está preocupado em chegar atrasado no trabalho. Sua adrenalina está elevada e isso não está ajudando. Na verdade, está fazendo você se sentir ainda mais ansioso. Sua mente, de súbito, lembra-se do *dojo*. Você se lembra do quanto se sentia calmo e bem após seu exercício de respiração. E, então, você altera sua mente. Em vez de continuar sua busca pelas chaves, você se concentra, e amplia seu foco – como se você novamente estivesse olhando para fora das janelas do *dojo* para o amplo cénario de inverno do lado de fora. Você relaxa e respira da maneira que seu *sensei* lhe ensinou. Isso, instanteneamente, faz que você se sinta melhor e mais calmo. Porque essa parece ser a coisa certa a fazer, você mantém seu foco o mais amplo possível. Isto faz você parar de pensar nas suas chaves. Repentinamente, uma imagem das chaves surge na sua mente e você vê onde as deixou. Você tem certeza de que elas estão lá – e elas estão. Você fica espantado com o fato de que as coisas podem ocorrer tão facilmente. Então, você vai para o trabalho, procurando manter a mesma mente lúcida e desimpedida. Chega no horário, calmo, confiante, alerta e cheio de energia. Você tem aguda consciência de ter descoberto uma nova maneira de enfrentar uma pequena crise. E já sabe que usará esse método muitas outras vezes – especialmente antes ou durante reuniões de negócios e confrontações.

Uma respiração uniforme, quando combinada com um estado mental meditativo, acelera e estimula a mente. Ela restaura a calma, a confiança e a força. Com repetições, você pode aprender como empregar essa técnica em qualquer lugar e adquirir seus benefícios sob comando.

As artes marciais recomendam mesclar a respiração uniforme com qualquer tipo de atividade física. Acredita-se que essa combinação de atividades impulsiona sua produção de energia positiva e amplifica seus efeitos. Um mestre de artes marciais emprega uma variedade de *katas* ou exercícios de treino. Entretanto, como um dos meus professores de Kung Fu uma vez disse, você pode (e deve) obter o mesmo efeito simplesmente caminhando pela rua. O fato é que seu corpo é um recipiente que só pode conter determinada quantidade de energia. Quando você combina uma respiração uniforme profunda com qualquer atividade física, você força a saída de energia de baixa qualidade, substuindo-a por uma nova energia de qualidade maior. Qualquer atividade funciona, de *katas* a jogar tênis, correr, andar, cuidar do seu jardim ou até mesmo envolver-se com tarefas domésticas. Os efeitos desse recarregamento energético, porém, são temporários, consequentemente você deve recarregar-se com frequência.

O CORONEL

O Sargento Michael McLaren é um gigante – dois metros de altura – treinado em 32 artes marciais. Ele me faz lembrar uma imensa árvore, com braços longos e fortes e vigorosas pernas. A despeito do seu tamanho, ele se desloca com velocidade e graça. Ele é ágil a ponto de postar-se bem na sua frente e erguer a perna sobre a sua cabeça. Antes do nosso encontro, McLaren foi um treinador de artes marciais para fuzileiros em Okinawa, Japão, e foi ele que me apresentou as artes marciais dos fuzileiros navais. Pouco tempo depois, nos tornamos parceiros de treino e bons amigos.

Frequentemente após os treinos, nós permanecíamos no *dojo* bebendo água mineral e sucos e conversando. Em uma dessas ocasiões, nossa conversa voltou-se à atenção. “No campo de batalha” - ele comentou - “a perda da atenção pode representar a diferença entre a vida e a morte. Você deve estar preparado, para tudo e deve executar suas ordens rápida e apropriadamente, pois você pode não ter uma segunda chance."

Com Mclaren, aprendi que os fuzileiros navais norte-americanos consideram uma boa atenção mais do que apenas uma atitude adequada e a saudação adequada. De fato, os fuzileiros criaram um regime de procedimentos para treinar habilidades de atenção. Fiquei muito curioso em relação ao que seriam esses procedimentos e, especialmente, o que os civis poderiam aprender com eles.

McLaren me apresentou para o Coronel Kevin Nally, comandante do Centro de Treinamento dos Fuzileiros Navais em 29 Palms, Califórnia, a maior base de fuzileiros navais dos Estados Unidos. Antes de assumir o comando da 29 Palms, Nally foi o Diretor do Programa de Artes Marciais para Fuzileiros Navais (Marine Corps Martial Arts Program - MCMAP). As habilidades e as técnicas de atenção dos programas de Nally são empregadas para ajudar a proteger a vida de fuzileiros navais ao redor do mundo.

Nally me falou que a perspicácia mental é de extrema importância no seu programa. "Igualmente importante" - disse ele - "muito do nosso treino de atenção enfatiza trabalho em equipe."[21]

Ele havia abordado um dos principais preceitos das tradicionais artes marciais, o *brushido* (o código de honra do samurai), que enfatiza que a sagacidade mental e o trabalho em equipe devem andar juntos. Isto me fez recordar da insistência do doutor Valentino de que empatia é necessária para amadurecer nossa atenção e navegar em direção aos objetivos de forma bem-sucedida. Quando falei sobre isso para Nelly, ele observou que "Tudo o que você faz afeta todos os outros ao seu redor e vice-versa". Por exemplo, você pode imaginar uma maneira de chegar ao outro lado da montanha, mas não será muito benéfico arriscar a vida dos outros membros de sua equipe. Eu, por exemplo, posso responder a uma pergunta de um aluno na sala de aula até que ele ou ela esteja encantado(a), mas minha ação não será muito eficiente se essa troca prejudicar o restante da classe.

"Há outra maneira de analisar o trabalho em equipe" - explica o doutor Donald Ward.[22] Doutor Ward, biólogo do interior do Estado de Nova York, realizou muitas pesquisas com células tronco no Rensselaer

Polytechnic Institute (RPI). Ele é um bom amigo e mentor e reside na mesma região do Estado de Nova York que eu e minha família. Enquanto passamos tempo nas florestas ao redor das nossas residências, compartilhamos várias discussões sobre a biologia da atenção. Para Ward, o desenvolvimento humano inicia-se no nível celular – na eminência da vida. Como ele explicou, nossas primeiras células (células tronco) têm o potencial de se tornar qualquer coisa que quiserem, de um olho a uma válvula cardíaca. Elas sabem o que devem fazer, prestando atenção a tudo que está ocorrendo ao seu redor.

Durante o desenvolvimento, as células estão em constante comunicação entre si, trabalhando para estabelecer quais serão suas funções conforme amadurecemos como um organismo.

"Este processo" - explica Ward - "resulta em determinadas células que criam as mais duradouras conexões com seus vizinhos adjacentes e o microambiente, tornando-se mais fortes e líderes ou 'tomadoras da decisão'. Ao mesmo tempo, essas células controladoras suprimem a ocorrência desse processo nas células adjacentes e induzem essas células secundárias a assumir funções de suporte. Com o tempo, isso resulta na criação de um sistema nervoso com sofisticada arquitetura para operar em alto nível."

Surpreendeu-me o quanto a linguagem referente ao desenvolvimento celular tinha relação com a linguagem da atenção, e quanto das engrenagens internas se assemelhavam, particularmente nos conceitos de autoconsciência, trabalho em equipe, e certo grau de autorregulação – na realização de metas. Desde suas primeiras centelhas, nosso sistema nervoso sabe ativar o que é apropriado e inibir o que não é.

Ward insiste que esse "funcionamento executivo de nível mais elevado baseia-se na integração de todas as outras janelas de desenvolvimento que progressivamente se aproveitam umas das outras. Combine esse sistema nervoso com todos os outros sistemas do corpo e observamos um perfeito trabalho em equipe com muitos tipos diferentes de células assumindo funções distintas e realizando tarefas distintas para o 'bem maior' de todo o organismo".

Ainda falando a respeito de células e tomadas de decisão, Ward apresentou um exemplo dramático do que no treinamento de atenção eu chamaria de bloquear a informação que é prejudicial a uma meta ou tarefa iminente: "Quando as células sofrem danos genéticos," – Ward explica – "elas realizam um sacrifício derradeiro para o bem-estar de todo o organismo ao se suicidarem em vez de transmitir um DNA defeituoso para outras células por meio de divisões celulares."

Como adultos, ainda temos células tronco capazes de trilhar caminhos distintos para se tornar uma gama de tipos celulares, dependendo do microambiente ao qual foram expostas e dos quais colhem sinais ou dicas específicas, e a comunicação que as células recebem das células existentes dentro desse microambiente. Ward chama isso de estágio "prontas para entrar em ação", significando que nesse estado a célula está "alerta" e preparada para tudo; ela pode se tornar qualquer coisa. Para entrarem ação, essas células se programam para ampliar sua atenção, sentem o que precisa ser feito e, empregando suas capacidades internas, o fazem.

O treinamento de atenção de Nally para os fuzileiros navais é extremamente consistente com a explicação de Ward sobre atenção à medida que reside no interior das nossas células, nas tradicionais artes marciais, na psicologia, na neurologia, no *neurofeedback* e na meditação. De maneira semelhante a todas essas disciplinas, o Programa de Artes Marciais para os Fuzileiros Navais insiste que a atenção se inicia com a maior abertura possível de sua mente e o incremento de sua autoconsciência e empatia para os seus níveis mais elevados e sensíveis. De fato, para enfatizar esse conceito, o lema dos membros do Programa de Artes Marciais para os Fuzileiros Navais é: "Uma mente, qualquer arma". No nível literal, Nally diz, isso é para lembrá-lo que em combate qualquer objeto pode ser transformado em arma. No entanto, isso aplicado à vida diária, ele explica, ajuda-o a lembrar-se que qualquer coisa no seu ambiente pode ser empregado para contribuir na resolução de um problema eminente. "Você deve prestar atenção em tudo sem ficar preso a nenhum detalhe à medida que prossegue de uma meta para a outra."

Semelhantemente a todos os especialistas neste livro, o Coronel Nally enfatizou a função da autoconsciência e da confiança no desenvolvimento da atenção. O importante é que você simultaneamente observe (permitindo que sua empatia flua) intimamente (para si) e externamente (para seu ambiente – para seu meio), conforme você escolhe suas ações. Isso lhe mantém focado no que é melhor para você e para todos. Acrescentando a isso a conversa de Ward a respeito de nossas células, você poderá sentir a força e etimologia do ser despertando para consciência no interior dos nossos primeiros tecidos. Quando você considera as decisões necessárias para cuidar da construção de todo o corpo humano, não posso deixar de imaginar como conscientemente extrair mais desse poder para dentro de nossa vida diária.

Os instrutores dos fuzileiros navais são treinados para estimular a confiança em seus alunos sempre que possível, durante os exercícios de treinamento e até durante os períodos de descanso – "não importa se você está no campo de batalha ou em um restaurante" - enfatizou Nally. Os fuzileiros navais fazem isso porque a confiança e a autoconsciência, de acordo com o Coronel, ajudam a tornar os pensamentos e as ações mais precisos. As artes marciais, Zen, a psicologia, a biologia e a neurociência concordam com essa afirmação.

Nally, porém, acrescenta algo extra para o quadro da atenção. Quando lhe perguntei o que ele falaria para alguém que estivesse fatigado ou cujo pensamento estivesse se tornando pouco claro, ele disse: "Pense no restante da equipe; é isso que eu falaria. Pense em como suas ações os afetarão". Nally sugere que você pode extrair energia e vigilância por meio de pensamentos empáticos, mais do que você imagina. Minha mente lançou-se para a história de uma mãe que não conseguia nadar, mas mesmo assim criou uma coragem física e mental para socorrer sua criança que estava se afogando, assim como o excesso de relatos que envolvem atos de heroísmo impulsionados por empatia, que clamam por habilidades bem acima da habitual capacidade humana.

Outro exercício singular no treinamento de atenção empregado no programa de Nally é denominado "O treino de oito horas, oito segundos". Essa atividade treina a habilidade de atenção sobre condições extremas. Imagine um treino de oito horas, que inclui corridas de longa distância, escaladas, natação e exercícios semelhantes, todos feitos com os praticantes completamente equipados para combate. Então, exatamente quando você se aproxima da linha de chegada, você encontra uma dúzia de animados fuzileiros navais esperando para brigar com você – um por vez e todos esforçando-se o máximo – antes de você ir para casa.

"Na vida real, os conflitos simplesmente não ocorrem como ocorreriam na luta no *dojo*," explica Nally, "quando você está descansado, em forma, com *rounds* de três minutos e dois minutos de descanso entre eles. Na vida real, quando o primeiro combate termina, é bem provável que vários outros venham a sucedê-lo. Você nem sempre pode se dar o prazer de ir para seu canto e descansar ou de retornar na outra semana para descobrir o que fazer no segundo *round*."

O objetivo desse e de outros treinos realizados sob condições extremas é criar procedimentos automáticos, para os quais você foi conectado desde sua concepção.

O programa de Nally envolve treinos sob condições extremas para ajudar a ignorar a ânsia de pensar e, em vez disso, lançar-se para executar procedimentos rápidos e precisos. E, como todas as ciências e as artes holísticas defendem, esses procedimentos, por meio de repetições, desencadeam-se em milissegundos – o tipo de poder mental que você necessita ao entrar no mundo de reações de frações de segundos.

Os alunos de Nally também empregam *visualização* em combinação com meditação para ajudá-los a criar procedimentos velozes. Ele reconhece o trabalho realizado pelo seu instrutor de judô, no passado, por essa técnica: "Se você quiser pensar mais rapidamente, vá para casa e visualize o que você quer que ocorra no tatame" seu instrutor lhe disse. "Visualize-se fazendo. Então, quando a oportunidade aparecer na vida real, você será capaz de fazê-lo automaticamente, sem pensar."

Nally compartilha com seus alunos um axioma pessoal para ajudá-los a focar nas suas visualizações. Eu o chamo de o Hino do Guerreiro: "Faça a coisa certa, pela razão certa, da maneira certa, com o brilhantismo básico, até mesmo sob condições extremas".

Visualizações são um poderoso remédio. Você pode utilizar sua mente como uma câmera, fotografando o objeto de sua atenção de todos os ângulos. Você pode ver uma ação do seu ponto de vista ou do ponto de vista de outra pessoa. O emprego de múltiplos pontos de vista ajuda a aprimorar as técnicas. Além disso, visualizações podem ser empregadas em qualquer situação, nos tatames ou fora deles.

Visualização funciona. Recentemente, um estudo da Escola de Medicina de Harvard exibiu um grupo de indivíduos fazendo nada mais do que se visualizar tocando uma melodia de piano e melhorando suas habilidades de tocá-la tão bem quanto outro grupo que a tocava diariamente. Isso nos traz de volta à caixa de Skinner e à singular habilidade humana de criar ficções e escolher e que queremos que aconteça com elas. O objetivo é o mesmo: Visualize o que você quer que aconteça e, quando surgir a oportunidade, suas ações serão automáticas, liberando espaço na sua mente para pensar em outras coisas.

Assim como *biofeedback*, Nally ensina como fluir dos baixos níveis de atenção para os elevados níveis (modos theta, beta e alpha) – lembra-se do uso de equipamentos por *biofeedback*? – o método do coronel é, porém, uma visualização com um sistema de sinais em cores. Os alunos treinam empregando vários sinais de cor para ajudá-los a aprender como fluir de um estado de atenção para o outro, tendo um melhor controle para afastar os desejos prematuros de responder às novas informações.

Caso você queira experimentar essa visualização, ela funciona da seguinte maneira:

> **Branco.** *Branco é para um estado de desatenção. Visualize-se de pé no centro de um círculo branco, completamente desligado e banhado em luz branca, sem pensar, e não prestando atenção em nada – relaxado, como você deve se sentir quando começa a tomar seu café da manhã por alguns minutos, antes que você se lembre que está lá para comer e iniciar o restante do seu dia.*
>
> **Amarelo.** *Amarelo é para atenção máxima. Visualize-se de pé no centro de um círculo amarelo, banhado em uma brilhante luz amarela, com o campo de atenção completamente aberto, completamente alerta, com a mente lúcida, cheio de energia e pronto para qualquer coisa – a maneira que você pode sentir-se após uma boa noite de sono, um ótimo café da manhã e sua primeira xícara de café. Essa é a zona em que você deve estar a maior parte do tempo – calmo, constante e preparado. Quando você identifica algo que precisa ser*

feito, você entra (não apressadamente ou escorregando) no próximo nível, que é o laranja.

Laranja. *Laranja é para um foco mais estreito. Visualize-se entrando no centro de um círculo laranja. Respire profundamente e carregue-se com energia. Estando já concentrado em algo que requer uma ação, seu objetivo agora é escanear todo seu arredor e a si mesmo, escolhendo a ação apropriada, pelo motivo certo. Pense de forma simples. Pense além de você para os outros afetados pelas suas ações. Escolha.*

Vermelho. *Vermelho é para execução. Visualize-se entrando no centro de um círculo vermelho. Agora, completamente alerta, carregado e resoluto, sua função é de executar a ação escolhida e rapidamente retornar ao nível amarelo (visualizando além da linha de chegada), pronto para qualquer reação e qualquer outra coisa que vier depois.*

Preto. *Preto é para perigo. Visualize-se no centro de um círculo preto, descontrolado, mente cega, ou impulsionada para agir por emoções destrutivas como medo, raiva, ou inveja, ou paralisado como um cervo quando visualiza os faróis de um carro vindo em sua direção. Caso você sinta que tenha entrado neste estágio, sua tarefa é sair imediatamente e retornar ao nível amarelo.*

A ideia é empregar esses sinais coloridos para ajudar a identificar que alterações de atenção estão disponíveis, como entrar, empregar e sair apropriadamente de cada uma, e como decorar essa sequência. Além disso, você também pode empregar esses recursos visuais para identificar e ajustar seu estado mental a qualquer momento. Lembre-se de que quanto mais você repetir esses exercícios, mais fácil e rapidamente será para você transferir-se entre esses níveis – e finalmente parar de pensar e apenas prestar atenção.

Um dia, não muito tempo depois de conversar com o Coronel Nally, encontrei-me em uma conversa de pai para filha com Isabella. Eu estava descrevendo para ela o quanto eu curtia a intimidade que ela, sua mãe, sua irmã e eu estabelecemos como uma família. Mais para o término da nossa conversa, ela pediu que eu visse um desenho que ela havia feito, mas eu estava saindo do recinto para ir para o trabalho. Em um dos virtuais microssegundos do doutor Miranda, porém, minha mente mudou a marcha. Toda a experiência era pequena e bastante simples, mas apontava para uma nova forma de responder. O programa de treinamento do Colonel Nally manisfestou-se de maneira veloz pela minha mente: palavras e frases como *trabalho em equipe, empatia, veja além da linha de chegada e qual será o seu próximo objetivo, e faça a coisa certa, da maneira certa, e pelo motivo certo.*

Coloquei minha atenção no que havia acabado de falar para minha filha a respeito de família. Pensei naquilo que eu queria que Isabella aprendesse da nossa conversa. Depois, coloquei minha atenção em "mim", no que eu mais queria naquele momento – um *rapport* íntimo com minha filha e uma família que dá apoio. Empreguei minhas habilidades de atenção gerencial. para suprimir quaisquer desejos imediatos de sair do recinto e, ao invés disso, reuni energia para demonstrar um sentimento de empolgação pelo desenho da minha filha. Senti-me no comando de uma visão mais ampla – um objetivo maior – conduzindo o momento como o doutor Mirando disse que um maestro conduz uma orquestra. Senti a confiança da minha filha quando ela me deu seu desenho e minha própria confiança no momento que estávamos criando juntos. Estávamos unidos. Era o que eu queria, o que ela queria e cada segundo valeu a pena. Mesmo que não tivesse havido nenhuma circunstância verdadeiramente extraordinária, o momento que havíamos criado foi incrível. Parei um instante e enviei ao coronel uma saudação mental.

Juntando todas as peças

O primeiro passo ao entrar no mundo da percepção veloz e precisa é ver a atenção como ela é, um sistema de coleta com o qual todos nascem, que recolhe dados de um rio de informações que flui pelo seu cérebro no ritmo de 11 milhões de *bits* por segundo. Entretanto, a atenção não é um presente exótico, é um componente essencial do que significa ser humano. Trata-se de uma habilidade que permite que eu e você absorvamos o mundo, assim como permite que o mundo penetre em nós. Consequentemente, como com todas as outras habilidades, seu poder de atenção desenvolve-se incrementalmente, e você pode escolher desenvolvê-lo ou não.

Uma boa atenção é uma atenção controlada que é dirigida por escolhas sábias.

Controlando conscientemente informação seletiva para dentro de sua mente, você pode desempenhar importante função em quão bem-sucedidas suas experiências do dia a dia serão. Esse tipo de gerenciamento de atenção fomenta elevada autoestima, confiança, melhores procedimentos de trabalho, pensamentos mais velozes e uma visão de mundo positiva. Isso coloca você muito mais no comando dos próprios destinos – tanto os pequenos quanto os grandes. Além disso, cada um desses benefícios naturalmente aumenta.

Por outro lado, quando você escolhe ser desatento, você essencialmente entrega seu poder de escolher ações, reações e até mesmo os procedimentos que serão armazenados para um emprego futuro. Resumindo, você entrega a direção de sua vida para alguém ou para outra coisa, significativamente liquidando como você realmente sente e do que você realmente necessita. E, é claro, essa ausência de controle resulta em menor autoestima, confiança, procedimentos de trabalho menos eficientes e, consequentemente, um pensamento mais lento e uma visão pessimista do mundo. Naturalmente, esses efeitos negativos também crescerão. Considere o impacto negativo de viver assim por 30 a 40 anos.

Embora não haja uma solução mágica que rapidamente faça seu controle da atenção atingir a perfeição, este livro afirma que mesmo tendo pouca ciência de como seu sistema de atenção funciona, isso permite que você o faça funcionar significativamente melhor.

Ao olhar para dentro do cérebro atento, não há um interruptor que você possa ligar ou desligar e que vai regular todos os componentes do seu mecanismo de atenção. Ao invés disso, você descobrirá uma série de interruptores que você poderá selecionar para maximizar sua atenção por situação. Com esse propósito a reflexão é a chave. Por meio da reflexão, você poderá escanear os dados sensoriais que você trouxe para dentro do seu campo de atenção. Você poderá ver como selecionou esses dados, assim como verificar quais elos da corrente estão contribuindo e quais não estão. Isso lhe fornecerá a oportunidade de realizar ajustes, assim como suprimir e bloquear, quando necessário. A reflexão lhe auxilia a manter, editar ou compor novos procedimentos velozes para ajudá-lo a alcançar metas próximas.

Com isso em mente, tanto as artes da antiguidade quanto as ciências de ponta identificaram a meditação como uma das melhores maneiras não médicas de alcançar reflexão e transferir seus benefícios para o dia a dia. Pesquisas demonstraram que a atenção meditativa pode ser empregada para penetrar e alterar padrões de ondas cerebrais (de padrões com alto nível de vigilância para bem relaxado) sob comando da mesma maneira que *biofeedback* consegue. Além disso, a prática pode tornar sua habilidade de alterar dos níveis altos para os baixos um componente automático das suas rotinas diárias.

Outras ferramentas, além da meditação, que permitem que você maximize seu campo de atenção são: *mushin*, respiração uniforme e visualização.

Tanto as artes quanto a ciência insistem que a autoconsciência é o centro de todas as ferramentas e elos da atenção. Isso porque a autoconsciência conduz à empatia, que abre seu campo para incluir os sentimentos dos outros. Juntas sua autoconsciência e empatia contam-lhe qual informação do seu meio (interno e externo) é relevante, qual não é e quais procedimentos devem ser criados como resultado disso. Isso, é claro, nos faz retornar àquela manhã na minha cozinha e o provocante lembrete da Isabella da atitude mental de onde todos nós viemos e para qual podemos retornar com a ajuda das artes marciais e das ciências de ponta.

Certamente, o pensamento veloz e lúcido é resultante da atenção executiva e de bom treinamento. Mas o que ocorre quando as habilidades de atenção não dão certo? E ainda mais importante, como fazê-las dar certo? Vamos dar uma olhada.

2
SEUS HORMÔNIOS NÃO FALAM SEU IDIOMA

Se a mente depende do cérebro, então todos os aspectos da mente dependerão daqueles simples processos elétricos e químicos.

–Joseph LeDoux

VEJA COM SUA PELE

Considere o seguinte: há dois faixas pretas se enfrentando nos tatames. Como têm o mesmo nível, suas habilidades nas artes marciais são virtualmente iguais. Um deles é mulher e o outro é homem. A mulher desfere um violento chute contra seu oponente. Ele tenta bloqueá-lo, e ela imediatamente desfere um chute baixo com sua outra perna, dando-lhe uma rasteira. Ele cai de costas, olhando para o teto, tentando entender o que acabou de acontecer. Ele se levanta em estado de extrema excitação e agressividade, querendo revidar. O cérebro dela ordena uma corrente de hormônios para ajudar a mantê-lo "ligado" e focado. Ela sente vontade de atacar, mas agora a química que flui pelo seu sangue a mantém calma e atenta. Os circuitos cerebrais capazes de confundir seus movimentos com os do seu adversário se acendem de forma que, no olho de sua mente, ela e seu oponente possam fundir-se em uma só imagem. Isso permite que ela tenha acesso ao que ele tem em mente. Mesmo frações de segundo antes que ele faça qualquer coisa, ela já sabe que ele atacará, de onde virá o ataque (direita, esquerda, alto, baixo) e quais habilidades motoras ela precisará para evadir-se dele e derrotá-lo de uma vez por todas. Ele, por outro lado, bloqueou ou inibiu uma corrente de informações que consideraria útil para colocá-lo em igualdade de condições. Ele ataca sem pensar.

A química do sangue dela altera-se novamente – desta vez para facilitar seu recúo e seu contra-ataque. Ela faz um arco para trás e o evita. Fora de perigo, antes mesmo de ele finalizar seu ataque, ela lança um veloz procedimento que resulta em vários golpes contra seu adversário e um *grand finale* aplicando-lhe um golpe de judô. Para um espectador, ela aparenta ser uma lutadora superior e, neste embate, ela certamente o foi. No entanto, ambos os participantes têm a mesma capacidade. Suas habilidades marciais são virtualmente iguais. Uma possível explicação para o domínio dela neste combate, porém, é que ela empregou sua atenção para escutar mais atentamente os circuitos de sinalização do seu cérebro, e ele não. Sua recompensa: vitória, mas a história não termina neste ponto.

A química do seu sangue modifica-se mais uma vez e seu humor sofre mais uma alteração – ela está eufórica com sua vitória. Isso se deve ao mecanismo de recompensa do seu cérebro que liberou um elixir de bem-estar em suas células nervosas e esse elixir permanece lá por um tempo – criando uma maré hormonal que traz alegria. Pesquisas endócrinas mostram que essa recompensa a motivará a seguir novamente procedimentos semelhantes, que potencialmente permitirão futuros sucessos nos tatames, mais recompensas, mais motivação e maior confiança no futuro.

Contudo, como você pode prestar atenção a esses circuitos cerebrais e ao que eles estão dizendo? E como essa conversa do corpo pode levar a melhores reflexões, melhores tomadas de decisões e, finalmente, a ações mais bem-sucedidas e uma vida mais feliz?

Esse "prestar a atenção" exige que você oriente sua atenção do que está ocorrendo fora de você para o que está acontecendo no seu interior. Psicólogos definem esse movimento como *alteração do exógeno (*dados do exterior do corpo, cérebro) *para o endógeno* (interior). Os mestres da artes marciais simplesmente chamam-na de *sensibilidade,* e o treinamento da sensabilidade é essencial em todas as artes marciais. A opinião do meu *sensei* sobre sensibilidade começou com o que ele se definiu como "ver com sua pele".

"Você necessita de mais sensibilidade. Os olhos são enganadores. Veja com sua pele" - ele falaria repetidas vezes até que penetrasse nos seus reflexos. A própria palavra *sensibilidade* pode ser encontrada no latim *sens,* que quer dizer "sentir". Ela é, talvez, mais bem compreendida como prestar uma atenção muito cuidadosamente ao que você está sentindo internamente assim como a tudo que está ocorrendo externamente.

De muitas maneiras, a sensibilidade é uma linguagem por si só. Lembro-me de quando meu instrutor introduziu esse conceito pela primeira vez.

"Concentre-se nos seus pés"- ele falou. "O que você sente sob eles?"

"O chão" - respondi.

Ele pediu que eu fechasse meus olhos.

"Agora o que você sente?"

Após alguns minutos de silêncio, acrescentei: "Eu posso sentir as partes inferiores dos meus pés, o ar ao redor deles e o sangue fluindo através deles".

"Isso é bom. Agora procure sentir mais" - ele falou. "O que mais você sente?"

"Minha pele e músculos." Eu disse.

"O que mais?"

"Minhas pernas, quadris, peso, o restante do meu corpo – torso, ombros, braços, mãos, cabeça, minha respiração, você – eu tenho uma sensação de você," - acrescentei. "E o prédio e as várias máquinas no prédio, a energia abaixo e sobre ele, a brisa entrando pela janelas."

"Isso mesmo," ele disse.

Ver com sua pele significa empregar mais do que apenas seus olhos para observar e prestar atenção aos outros. Você pode sentir com uma atenção maior. Empregue todo o seu ser. Quanto mais você focar no que você sente, melhor você será em determinar suas ações e se você precisa agir ou não. A sensibilidade acelera sua mente e desenvolve uma intuição mais apurada.

Uma vez, meu *sensei* pediu que eu ficasse de pé a poucos centimetros dele. Ele fechou seus olhos e colocou uma mão no meu peito, instruindome a atacá-lo. Eu desferi um soco alto e ele imediatamente o interceptou.

"Desfira qualquer tipo de ataque que você quiser" - ele falou.

Não importava se eu chutasse, socasse, ou tentasse agarrá-lo, ele era capaz de antever todos os meus movimentos antes que eu fizesse qualquer coisa.

"Uma vez que entra em contato com seu adversário, você deve ser capaz de sentir quais serão os próximos movimentos dele ou dela" - ele insistiu.

No primeiro momento, pensei que treinávamos sensibilidade simplesmente para aperfeiçoar a velocidade e a precisão dos golpes marciais. Embora fosse parte disso, eu tinha pouca consciência de que os exercícios tinham o propósito final de nos ajudar a treinar nossos cérebros para ser utilizados fora dos tatames.

O que faz você perder a atenção

A ciência demonstrou, e continua demonstrando, que muitas de nossas decisões e comportamentos são influenciados por processos cognitivos, químicos, emocionais e motivacionais que contornam nosso campo de atenção. Colocar seu foco nesses mecanismos subjacentes é uma parte importante no treinamento da atenção.

Pense neste cenário: você está calmamente guiando na estrada. Talvez você esteja pensando em um lento e relaxante jantar que terá quando chegar em casa, talvez você não esteja pensando em nada. Os vidros do seu carro estão abaixados. Há uma brisa agradável. O céu está claro com algumas nuvens, do tipo que na sua infância se assemelhavam a algodão-doce. De repente, como se fosse do nada, uma estridente sirene começa a soar atrás de você. Você verifica o espelho retrovisor e vê um carro de polícia com suas luzes piscando e se aproximando rapidamente. Um pesado trânsito fecha-se ao seu redor. Você sente uma opressiva sensação de urgência. Por um momento, você não sabe para que lado ir. No interior do seu corpo, um sistema de alerta é acionado. As suas glândunas de adrenalina começam a jorrar cortisol (um hormônio esteroide) para seu cérebro entrar em ação. Então, seu corpo lança um hormônio tranquilizante imediatamente para ajudar a controlar suas glândulas, antes que seus níveis de cortisol subam demais e o coloquem em um estado paralisante. O carro de polícia está logo atrás de você e, tentando desviar-se do seu caminho, você quase provoca um acidente. Você sente como se tivesse sido atingindo por uma onda de estresse. Você sente qualquer coisa menos a si mesmo.

Outros hormônios vêm ao seu cérebro circunscrever os remanescentes do cortisol que tinham alcançado seu *hipocampo*. Esses hormônios guiam o cortisol de volta para seus rins, onde eles residiam antes de ser convocados para a ação. Sua função é impedir que você atinja um estado de excessiva agitação e trazê-lo de volta para uma situação de equilíbrio, denominada pelos cientistas de *homeostasis*. Todavia, isso nem sempre é uma tarefa fácil. Antes de o equilíbrio ser alcançado, seu cérebro tenta se agarrar, seja na parte estimulante, seja na tranquilizadora da força química. Isso resulta em um desequilíbrio no qual uma dessas forças dominará as outras por um tempo sem alívio. A discontinuidade aumenta seu estresse e pode acarretar graves consequências para sua atenção enquanto perdurar.

Por que você não pode simplesmente retornar ao equilíbrio? Há dois motivos dos quais sua mente depende. Um é elétrico e o outro é químico, e eles compreendem duas funções cerebrais distintas – ambas fornecem informação para você. Eles também estão situados em duas partes distintas do seu cérebro, nem sempre estão sincronizados.

Você pode ter ouvido falar desses componentes como a parte lógica do seu cérebro, o que os cientistas denominam de *neocortex* (especializada na habilidade linguística), e a parte emocional do seu cérebro, ou *límbica* periférica (especializada em sentimentos). Uma desconexão ocorre porque seu cérebro não sabe a qual mensagem deve prestar atenção. Seu neocortex pode estar disparando um sinal: "Ufa, essa foi por pouco, mas pelo menos terminou", enquanto o sistema periférico, que é muito mais lento, está enviando outra e, então, em momentos como esses, a grande dúvida é: a quem você deve escutar?

Considere esta variação da já vista comparação do doutor Miranda: imagine-se escutando uma sinfonia, com uma orquestra com cem integrantes. A maior parte do tempo você está apenas absorvendo toda a música vinda em sua direção. Todavia, você está ciente de que a qualquer momento tem a capacidade, quando desejar, de dirigir sua atenção apenas aos violinos ou apenas à percussão ou a um único componente do conjunto. Depois você pode reagrupar toda a onda sonora e com maior apreciação do papel que os violinos (ou qualquer instrumento selecionado) têm na criação do efeito total unificado. Isto é, você terá melhor compreensão da interação entre os instrumentos aos quais antes você nunca prestou muita atenção. Lembre-se, você é o maestro.

Você não precisa de um equipamento de imagem de um milhão de dólares para entender o que está ocorrendo na sua cabeça. Você apenas precisa treinar sua atenção para ser um pouco mais sensível ao que está ativando seu cérebro e ao restante do seu corpo durante determinados momentos. Isso lhe ajudará a ver quanto trabalho em equipe está ocorrendo no seu cérebro e como você pode começar a autorregular esses processos para se beneficiar-se.

Seus hormônios não falam seu idioma

Você se lembra daquele famoso comercial: "Este é seu cérebro. Este é seu cérebro quando você usa drogas"? Embora esse comercial tenha sido eficaz na transmissão de sua mensagem, inestimável para muitos americanos, havia certa ironia a seu respeito. O fato é que a neurociência provou, sem sombra de dúvida, que seu cérebro está sempre sobre influência de drogas. De certo modo isso parece engraçado, especialmente após o resultado de todo o sentimento antidrogas comercializado durante os anos em que Ronald Reagen foi presidente dos Estados Unidos. Mesmo assim, Marvin Minsky, professor do MIT, filósofo e um dos mais renomados pesquisadores na área da ciência da computação, acredita que seres humanos são todos basicamente uma "massa de químicos e interruptores[1]". E, de acordo com o mundo científico, ele está em boa companhia. Em recente entrevista para o jornal *The New York Times,* o renomado neurologista, doutor Joseph LeDoux, professor de Neurociência na Universidade de Nova York, defendeu a crença de Minsky – com um pouco de humor. O pai de LeDoux era um açougeiro e, quando jovem, LeDoux trabalhava com ele, limpando os cérebros de bovinos. E foi muito interessante, quase irônico, ouvir seu comentário: "É isso que é o cérebro" – ele disse – "apenas um pedaço de carne que tem substâncias químicas e cargas elétricas."[2] A história do cérebro, desse ponto de vista a que tanto Minsky quantos LeDoux se referiram, é algo interessante por si só. Pesquisas sobre a capacidade do cérebro de autoproduzir o que são conhecidas por "drogas do prazer" foram estimuladas no início da década de 1970 – por causa da preocupação do governo norte-americano em relação ao grande número de veteranos do Vietnã que retornaram aos Estados Unidos viciados em opiáceos, como a heroína e a morfina. Naquela época, cientistas sabiam pouco sobre como e por que opiáceos funcionavam e, particularmente, sobre como eles afetavam o cérebro.

O que eles sabiam é que os opiáceos eram derivados das sementes de papoula e que podiam ser transformados em pó e colocados em comprimidos ou poderiam ser transformados em um soro. Opiáceos como a morfina e a heroína geralmente têm sido usados medicalmente, assim como recreativamente, para produzir sensação de euforia e aliviar a dor.

Novamente na década de 1970, com a descoberta das endorfinas (morfinas produzidas pelo corpo humano), os cientistas pela primeira vez observaram a capacidade do cérebro de produzir o próprio estado de euforia. Não somente isso, mas nos anos subsequentes, pesquisas adicionais produziriam pelo menos mais 20 outras ferramentas – indicando, assim, que a capacidade do cérebro de produzir suas próprias drogas estendia-se além dos derivados do ópio.

O interesse popular na capacidade do corpo de criar "euforia naturalmente" difundiu-se muito e continua até hoje – mais do que, talvez, qualquer outro detalhe da ciência do cérebro.

Um dos efeitos mais amplamente divulgados da euforia que ocorre naturalmente é a denominada euforia do corredor, que supostamente se inicia quando um vigoroso exercício leva você acima do que está habituado e ativa a produção de endorfina. Isso ocorre quando seu nível de exercício encontra-se entre moderado a elevado e seus músculos esgotaram todo o glicogênio armazenado (um carboidrato que rapidamente se converte em açúcar). Não limitada à corrida, a sensação pode ser gerada por qualquer atividade física intensa, como a aeróbica, o pugilismo, a luta livre, o futebol americano, a musculação, a natação, o ciclismo, a ginástica, o basquete, e assim por diante. Resumindo: se a pessoa quer ter o efeito das endorfinas, ela pode produzi-lo quando quiser. Outro ponto digno de nota é que se você encontra alguém eufórico graças às endorfinas, ele ou ela está sob a influência de uma química poderosa. Empregrando PET *scans* juntamente com químicos recentemente disponíveis, uma pesquisa de 2008, conduzida na Alemanha, concluiu que a euforia do corredor é real e produz intenso prazer[3].

Vários estudos foram realizados para verificar se a euforia do corredor poderia produzir um hormônio cerebral semelhante ao THC, um composto ativo encontrado na maconha. As descobertas, porém, têm sido dúbias. Você pode adorar saber que algumas pesquisas relataram que esse hormônio foi de fato encontrado no chocolate.

Nas décadas de 1960 e 1970, muitas gírias que fazem referência a drogas começaram a aparecer na linguagem. Termos como bagulho, viajar, psicodélico, careta, *bad trip*, tapa, larica, *etc* – acharam seu lugar no dialeto popular. Atualmente, você pode testemunhar quanta influência o jargão da endocrinologia carrega em nossas avaliações diárias das coisas quando termos como *a euforia provocada pela adrenalina, estrogênio e testosterona* fazem parte da linguagem do dia a dia – às vezes não necessariamente das maneiras mais agradáveis. Provavelmente, em todo escritório do país, já se ouviu em uma ou outra ocasião sua versão sexista de neuroprovocação: "Se você for inteligente, ficará longe dela; ela deve estar grávida - de novo," ou "deve estar sob o efeito de TPM," ou "sua testerona deve estar nas alturas" ou a ainda mais vulgar "ele está falando com sua cabeça de baixo". Os hormônios corporais de mais alta qualidade, que causam prazer e se autoproduzem, também tornaram-se comuns nas conversas. Termos como *serotonina, cortisol, ocitocina e dopamina,* que são abordados nas páginas seguintes, lideram a relação.

É bom lembrar que o cérebro, obviamente tem melhor capacidade de regular as drogas que ele produz do que os indivíduos que decidiram perseguir o uso de drogas de forma recreativa. É evidente pelas estatísticas anuais, que citam os danos fisiobiológicos irreversíveis e de longo prazo, e até mesmo os óbitos ocasionados por *overdose* a cada ano, que o abuso de drogas recreativas gera sérios problemas e deve ser desaconselhado. Entretanto, em uma guinada irônica, à qual Steve Johnson engenhosamente se refere no seu livro, *Mind wide open:* "Não devemos ser tão rápidos para julgar a retórica do uso de drogas como uma experiência estranha, não natural, longe das fronteiras do mundo 'careta'. Sob toda a retórica da guerra contra as drogas, há este pensamento sensato – ou é inebriante? Se você pudesse escanear seu cérebro nos momentos mais felizes de sua vida, as imagens provavelmente seriam surpreendentemente semelhantes àquelas de cérebros de pessoas que utilizam heroína ou cocaína pela primeira vez[4].

O ponto de vista de Johnson é bem aceito e pode ser aplicado para qualquer pessoa que tenta aprimorar suas habilidades de atenção. De fato, pesquisas de ponta insistem que os hormônios naturalmente produzidos pelo cérebro explicam ampla gama de nossos comportamentos – tanto funcionais quanto disfuncionais. Imagine isso: enquanto você está sentado pensando nas ideias apresentadas neste livro, seu cérebro está inundado em uma corrente de várias substâncias químicas – qualquer uma delas poderosa o suficiente para requerer uma receita médica.

Pesquisas endócrinas demonstram que quando o corpo produz muito ou muito pouco desses hormônios, problemas de atenção provavelmente ocorrerão. Então, novamente, parte de prestar a atenção é ser capaz de focar e escutar quais drogas estão influenciando seu cérebro em determinado momento e, especialmente, nos momentos importantes que envolvem motivação e tomada de decisões. Alertas podem vir na forma de um hormônio ou de uma mudança de humor, ou em graduações de ambos. Seja qual for a maneira deles virem, o primeiro passo é reconhecê-los e ver como eles correspondem aos seus pensamentos, sentimentos e ações.

A euforia provocada pela adrenalina

A adrenalina é o que definimos como seu hormônio *lute ou fuja*. Sua função é aumentar a respiração, os batimentos cardíacos e a pressão sanguínea e transportar mais sangue rico em oxigênio para seu cérebro e para os músculos, quando necessário. Para fornecer-lhe mais "energia", a adrenalina causa a liberação de glicose e ácidos graxos em sua corrente sanguínea. Tenha em mente que uma apropriada euforia provocada pela adrenalina é saudável e um componente necessário para a vida.

No mundo esportivo, por exemplo, a euforia provocada pela adrenalina não é uma novidade. Os atletas aprendem precocemente que estar em estado de extrema excitação tem muitas vantangens. Um mestre das artes marciais, por exemplo, aprende que quando a adrenalina está fluindo, você pode desferir socos mais poderosos e rapidamente aumentar sua flexibilidade, analisar melhor seu adversário e orquestrar melhor seu próximo movimento. Com uma elevada quantidade de adrenalina, a informação sensorial é mais aguçada, a memória é mais nítida, e sua sensibilidade à dor é menor – todas ótimas para a prática de esportes assim como outros interesses na vida. Todos os tipos de artistas (músicos, dançarinos, escritores, oradores e assim por diante) sabem que podem ser bem-sucedidos quando sua adrenalina está fluindo.

Todavia, há outro lado da adrenalina e a maioria de nós está familiarizada com ele também. Um excesso de adrenalina, sentir-se muito excitado, por assim dizer, pode prejudicar sua capacidade de prestar atenção, enfraquecendo sua habilidade de associar seus melhores procedimentos com metas urgentes. Uma quantidade excessivamente elevada de adrenalina pode deixá-lo propenso a realizar coisas que não são do seu melhor interesse: um levantador de peso, por exemplo, pode pensar que é capaz de erguer mais do que realmente é; um corredor pode iniciar um *sprint* final mais cedo do que é estrategicamente apropriado para ganhar a prova, um presidente de uma companhia pode otimisticamente fechar um negócio antes que todas as informações vitais estejam presentes. Um fato menos conhecido é que, uma vez que esteja eufórico por causa da adrenalina, você tende a fixar experiências mais profundamente em sua memória; potencialmente fazendo certas experiências durarem pela vida inteira. Em relação a recordações, quando você está eufórico por causa da adrenalina, essas memórias surgem mais rápida e mais intensamente. Então, a adrenalina pode ser complicada. Pesquisas demonstram que certa quantidade do hormônio é, porém, necessária para alcançar o auge do seu desempenho físico e mental. Você vivencia isso quando entra para fazer uma prova sentindo-se um pouco ansioso e depois, vendo que as primeiras questões são administráveis, acalma-se. Quando você menos espera, está sentindo os efeitos da quantidade exata de adrenalina e está realizando a prova sem dificuldades – a não ser que se depare com uma questão que o tire do equilíbrio novamente. Então, mais uma vez, a adrenalina é um pouco complicada.

O excesso dela pode interferir em sua capacidade de prestar atenção e potencialmente prejudicar seu desempenho.

Suas glândulas suprarrenais serão acionadas em qualquer momento que você perceber uma situação como estressante. Esse é seu mecanismo de luta ou fuga entrando em ação. Se os estímulos que provocaram o estresse persistirem após alguns minutos, porém, suas glândulas suprarrenais podem liberar outro hormônio em seu sangue para remediar o problema: cortisol.

O HORMÔNIO DO ESTRESSE

Você alguma vez você já se esqueceu de uma informação importante quando estava no meio de uma frase? O excesso de cortisol na sua corrente sanguínea pode ser a razão disso. O cortisol é frequentemente chamado de "hormônio do estresse", visto que ele participa da saudável resposta do seu corpo ao estresse. E, semelhantemente à adrenalina, certa quantidade de cortisol é necessária para um desempenho máximo. Isso decorre do fato de que o cortisol ajuda a fortalecer a memória assim como eleva e sustenta sua atenção. Por outro lado, grande quantidade de evidências demonstrou que uma secreção excessiva de cortisol está relacionada a uma ampla gama de danos físicos e mentais provocados por uma ansiedade de longo prazo.

O MRC Health Services Research Collaboration da Universidade de Bristol conduziu extensas pesquisas sobre os efeitos da produção de cortisol na atenção. Os dados demonstram, de acordo com o doutor. K. Vedhata e seus colegas pesquisadores do MRC, que a memória funcional, assim como os processos de atenção seletiva e divisão da atenção são de fato prejudicados por níveis mais baixos de cortisol. Entretanto, novamente, um excesso de produção de cortisol não é melhor[5]. O doutor Robert Sapolsky, professor de neurologia e das ciências neurológicas da Universidade de Stanford, demonstrou que um estresse persistente pode interferir na aprendizagem e na memória[6]. Atuando para diminuir o processamento de informação significativa, um excesso de cortisol pode interferir na capacidade de suas células cerebrais e dos neurônios de se comunicar entre si. Esse tipo de coisa pode ocorrer no meio de uma palestra, apresentação ou em uma conversa diária – como quando você está no meio da descrição de um processo de três partes ou tem três coisas importantes para se lembrar e de repente só consegue se lembrar de duas. Um tipo comum de queda na atenção e, quando isso ocorre, pode ser associado a uma produção excessiva de cortisol.

Um excesso de cortisol também pode prejudicar a recuperação de memórias de longo prazo, assim como disparar seu alarme de lute ou fuja. O resultado final são sentimentos de raiva (luta), de medo (fuga), e a incapacidade de fazer algo a respeito. Isso ocorre quando um indivíduo está paralisado em sua raiva ou em seu medo – como no relato de uma pessoa que fugia de um tigre. Além disso, pode levar um milissegundo para você se engasgar.

O cortisol leva a glicose do sangue para os músculos; consequentemente, a energia que chegaria ao hipocampo é menor. Isto é bom, digamos, se você estiver prestes a realizar algo atlético. Por outro lado, um excesso de cortisol pode comprometer a habilidade do seu hipocampo de criar novas memórias assim como diminuir sua memória funcional – normalmente, o primeiro tipo de perda de memória associada ao envelhecimento, assim como ao estresse. A professora de Psiquiatria da McGill, Sonia Lupien, explica: "Uma exposição de longo prazo a esses hormônios pode atrofiar o hipocampo, levando a uma diminuição da capacidade da memória".[7] Além disso, Lupien relata que o dano ao hipocampo é um dos sinais precoces de Alzheimer. Interessante e merecedor de preocupação pela maioria das pessoas, o intercâmbio entre estresse e cortisol deixa uma trilha como a de uma perfeita tempestade– ou talvez mais como o perfeito *tsunami*. Aqui está o porquê: No cérebro, o hipotálamo normalmente responde ao estresse fazendo a glândula pituitária enviar outro produto químico que informa às glândulas suprarrenais para secretar cortisol. Se esses níveis começarem a ficar muito elevados, várias áreas do cérebro, especialmente o hipocampo, *falam* para o hipotálamo desligar o mecanismo produtor de cortisol. Essa é a resposta correta. Pesquisas indicam, porém, que constante exposição a cortisol pode danificar as células cerebrais a ponto de que estas funções não possam mais fornecer um *feedback* adequado para controlar a produção de cortisol, e isso pode levar a pessoa a uma espiral descendente, causando mais dano ao hipocampo, produzindo mais cortisol indesejável, e iniciando uma tempestade degenerativa que, no final, pode vir a ser muito difícil de parar ou regular. Um ingrediente chave comum na perda de memória é baixa autoestima. Para esse efeito, pesquisadores descobriram que ambientes sociais onde as pessoas ajudam umas às outras têm sido capazes de fazer a diferença. Como a adrenalina, o cortisol é funcionalmente atencional, mesmo assim deve ser monitorado sempre que possível. Um excesso dele, porém, pode tirar você do foco e até ocasionar problemas de atenção mais graves. Já a quantidade certa de cortisol pode impulsionar o nível de atenção e na verdade ajudá-lo a lidar com o estresse.

ESCUTANDO A SEROTONINA

Alguma vez você se sentiu com o pensamento dispersivo, com problemas para se organizar e desconcentrado? Isso pode ser o resultado de níveis baixos de serotonina.

A serotonina ingressou nas conversas diárias, principalmente por meio de sua associação com o Prozac, que funciona aumentando a quantidade de serotonina disponível para o cérebro. Em seu livro *Change your brain, change your life (Mude seu cérebro, mude sua vida)* o doutor Daniel G. Amen afirma que: "Níveis baixos de serotonina são frequentemente associadas a preocupações, alterações de humor, rigidez emocional e irascibilidade (uma combinação de graves problemas límbicos e problemas no sistema cingulado).[8] Isso significa que quando o nível de serotonina está baixo, ele interfere em sua capacidade de raciocinar e responder às coisas emocionalmente. Especificamente, níveis baixos desse hormônio podem prejudicar sua capacidade de efetivamente utilizar sua atenção para ajudar em questões que envolvam tomadas de decisões, empatia, antecipação de recompensa e respostas emocionais.

De acordo com pesquisadores, os efeitos da serotonina são frequentemente potentes, tornando sua presença mais fácil de ser detectada. Isso é um fator positivo para nós que estamos tentando prestar mais atenção aos efeitos desse hormônio em nossa vida cotidiana.

No renomado livro de Peter Kramer, *Listening to Prozac,* o autor insiste que as pessoas "escutem" os efeitos desses hormônios.[9] O fato é que escutando, Kramer acredita que os pacientes que tomam Prozac podem sair-se melhor do que simplesmente aliviar problemas como depressão. Escutar ajuda na situação como um todo, que é a luta para compreender a si mesmo. E, então, quando insiste que escutar a química do seu corpo produzirá melhor compreensão de si, Kramer fala a todos nós. O fato é que, reconhecendo quais de seus comportamentos (procedimentos) específicos (seletivos) geram problemas – de atenção, social ou outros – e quais comportamentos são inatos, você poderá tratar as fontes dos comportamentos que deseja controlar em vez de tratar apenas seus sintomas.

Indivíduos sensíveis à rejeição notam que suas reações a notícias frustrantes ou desprezos pessoais desaparecem sob a influência de Prozac – isto é, com níveis mais elevados de serotonina. Eles se tornam menos sensíveis e mais confiantes, bem como mais dispostos a assumir riscos, mas não de maneira inconsequente ou sem perspectiva.

Medicamentos como o Prozac realçam determinados padrões comportamentais. Consequentemente, prestando atenção à química do seu corpo, você não só pode ver o problema mas minorá-lo. De certo modo, você pode ter melhores resultados que antes porque agora compreende como sua química corporal afeta seu comportamento. Colocando sua atenção nos efeitos dessas químicas corporais, que são uma parte integrante de você, haverá melhores chances de identificar as origens dos motivos por trás de pensamentos, sentimentos e ações diárias que você poderá querer modificar ou mesmo eliminar.

Ocorre-me que, de certo modo, esse processo de prestar atenção pode assemelhar-se a uma versão química de *biofeedback*: Uma vez que aprende a colocar sua atenção em como você se sente antes e depois da automedicação do seu cérebro, assim como os efeitos de cada um dos seus hormônios naturalmente produzidos, você pode começar a assumir o controle de suas respostas, em relação a pensamentos, sentimentos e ações. É como se, uma vez que tenha isolado um violino na sinfonia – você não precise mais direcionar sua atenção para ele. Você apenas o escuta.

De acordo com o doutor Stanley Grick, Diretor do Centro de Neuro farmacologia e Neurociência da Faculdade de Medicina de Albany, a serotonina facilita a atenção porque "ajuda a despertar e manter o estado de vigilância. Ela pode facilitar a atenção seletiva, ajudando-o a ver algo como relevante ou irrelevante. O LSD, por exemplo, interrompe esse mecanismo."[10]

De modo inverso, níveis baixos de serotonina podem fomentar um comportamento agressivo e descobriu-se que elevadas doses dela aumentam a sensibilidade e as reações emocionais além do normal.

No mundo da ciência do cérebro, Dr. Glick é um especialista, PhD e MD, que traz à mesa décadas de pesquisa. De fala mansa e boa índole, ele tem o dom de tornar uma ciência complexa palatável aos leigos. Em um artigo de outubro de 2007, a respeito do seu trabalho na AMC, ele declara que "há evidências de que as drogas nocivas assumem vias do cérebro que normalmente nos proporcionam prazer".

Com esse propósito, ele realizou anos de pesquisas para provar que o vício é uma doença metabólica do cérebro, e ele tem trabalhado para desenvolver novos medicamentos para tratar de vícios, assim como entender por que certas pessoas tem mais inclinação para se tornar viciadas do que outras.

Questionei o Dr. Glick sobre isso. "Eu não bebo muitas bebidas alcoólicas" - disse-lhe. "Contudo, se estivesse em dúvida se deveria ou não beber algumas cervejas, digamos, antes de guiar, eu apresentaria uma extensa lista de argumentos lógicos, e, no final das contas, concluiria que simplesmente não posso fazer uma coisa dessas."

"É isso que o diferencia de um viciado" - Glick insistiu. "Você pode 'apenas dizer não', mas a neuroquímica de um viciado não permitirá que ele diga não."

Isto nos faz retornar à ideia de sermos capazes de seletivamente colocar a atenção em novas informações e escolher o que queremos que ocorra em seguida – o que o Dr. Tram Neill chama de sentimento de estar no controle.

O doutor Glick, porém, apresenta uma advertência, afirmando que complexas ligações cerebrais tornam o equílibrio algo difícil de conseguir.

"Se eu tivesse de guiar sob a influência de qualquer coisa – vamos empregar álcool como exemplo – poderia, sabendo como esse produto poderia me prejudicar, controlar minhas ações, digamos, melhor do que se eu nunca tivesse tomado um gole de álcool em minha vida? Penso que parte da sensação de controle envolveria saber o que esperar a seguir."

Doutor Glick chamou a atenção para pesquisas que demonstram que o que você vivencia é o que você espera.

Em um teste popular, por exemplo, sobre os efeitos da adrenalina, essa substância foi administrada a um grupo de indivíduos, e um placebo (comprimido de açúcar) foi dado para outro grupo. Mais tarde, o grupo que recebeu somente o placebo relatou vivenciar efeitos provocados por adrenalina.

Testes semelhantes foram realizados sobre os efeitos de maconha. Por exemplo, um conhecido teste empregou dois grupos de indivíduos. Um grupo recebeu folhas de alface e disseram para eles que tratava-se de maconha e o outro grupo recebeu maconha. Os resultados foram semelhantes ao experimento com adrenalina; isto é, o grupo que somente recebeu folhas de alface relatou vivenciar um "barato" provocado pela maconha.

A ciência descreve a tolerância comportamental como a nossa capacidade de compensar pelas coisas que nós esperamos que aconteçam, mas ocorre que a compensação é composta de escutar a química do seu corpo.

Para explicar essa parte da questão, doutor Glick valeu-se de uma experiência em que cem motoristas receberam uma dose de maconha e depois foram submetidos a um teste de direção. O resultado dessa experiência foi: um terço do grupo teve dificuldade de guiar, o segundo terço não vivenciou nenhum efeito no modo como guiava e o último terço guiou melhor. O grupo que teve sua habilidade de guiar prejudicada não sabia bem o que esperar em relação aos efeitos da droga. Os outros dois grupos, porém, sabiam dos efeitos ocasionados pela droga e foram capazes de compensar pelo que eles esperavam que aconteceria – consequentemente, eles guiaram mais lenta cuidadosa e, mais atentamente.

Ouvindo a química do seu corpo, você poderá trazer para seu campo de atenção padrões fisiológicos que sinalizam pensamentos, sentimentos e ações específicas. Apenas tendo ciência, por exemplo, de que a liberação de um hormônio específico na minha corrente sanguínea pode durar até dez minutos, isso me diz que estarei "sob a influência", por assim dizer, por certo período de tempo e me ajuda a aferir o que esperar a seguir. Colocando minha atenção nessa informação, por sua vez, ajuda-me a selecionar melhor as ações que são do meu maior interesse. Contudo, em que devo prestar atenção?

De acordo com Glick, tenho mais possibilidade de sentir respostas periféricas à liberação de hormônios. Com adrenalina, poderei sentir efeitos cardiovasculares, como aumento dos batimentos cardíacos, pressão sanguínea, ventilação, estresse, e assim por diante. Se após uma situação recompensadora, sentir-me eufórico, é provável que dopamina tenha sido liberada.

A vida diária está repleta de exemplos. Toda vez que você entra em uma sala de conferências, começa a sentir uma cascata de hormônios tornando-o agressivo e argumentativo. Colocar sua atenção nesse padrão comportamental e pensar em como estabilizá-lo antes da sua próxima reunião, pode ajudá-lo a orquestrar ações mais bem-sucedidas no futuro. Tenha isso em mente: serotonina pode ajudar a manter um estado de alerta, uma quantidade muito pequena desse hormônio pode fomentar agressão, e descobriu-se que elevadas doses aumentam a sensibilidade e provocam uma reação emocional além do normal.

Euforia

Imagine isso: há muitos anos você está esperando por uma promoção no seu emprego. Finalmente chega o dia e você é promovido. A sensação é deliciosa e você se sente eufórico em relação à sua realização. Essa "euforia" decorre em parte da liberação, em sua corrente sanguínea, de outro hormônio produzido pelo cérebro, a dopamina.

A dopamina induz intenso prazer, que é associado a comportamentos que buscam recompensas que, de acordo com os pesquisadores, podem ajudar a explicar o mecanismo biológico responsável pela maneira como o cérebro emprega recompensas na tomada de decisões. Como um treinador do prazer que acompanha o placar de todo "jogo" do qual você participa, a dopamina lhe ajuda a obter o que você deseja e a encarar o que você teme. Quando você obtém o que deseja, um repentino aumento da dopamina lhe recompensa e a sensação é de euforia. A expectativa, porém, pode tornar inconstante a produção deste hormônio pelo seu cérebro. Por exemplo, se o resultado de uma experiência foi pior do que você estava esperando, seus níveis de dopamina cairão correspondentemente. Se você conseguir mais do que almejava – obtiver uma promoção maior, uma nota mais alta, um produto melhor etc – seu cérebro produzirá mais dopamina.

Agora os cientistas sabem que a dopamina pode desempenhar importante papel na maneira como você presta atenção às coisas. Ela pode orquestrar o que você vê como mais importante interna ou externamente. Ela pode influenciar seus pensamentos, como você participa de eventos e que informação você vê como relevante ou irrelevante. Até mesmo seus sonhos podem ser reavivados com dopamina. O neurologista sul-africano Mark Sloms relata que o cérebro desenvolveu um sistema de buscas, "uma orquestração de estruturas neurais primitivas e superiores que nos orienta para o mundo exterior com uma sensação de antecipação e expectativa positiva. Trata-se de um impulso de busca de prazer neste mundo..."[11] e nesse sentido problemas com atenção podem ocorrer. Se, por exemplo, você espera um dia perfeito e, em vez disso, tem o azar de receber uma multa de trânsito ao término do seu dia, você poderá sentir a estagnação de níveis mais baixos de dopamina. Tendo consequências adicionais, sua atenção pode ser incitada a procurar por recompensa onde quer que ela possa obtê-la. Parece que apenas ter ciência disso pode alterar seu ponto de vista, assim como reações nos dias em que você tem grandes expectativas e não consegue obter tudo que deseja.

Pesqüisas demonstram que baixos níveis deste hormônio também estão associadas com depressão, ausência de motivação e dificuldades de concentração. Pessoalmente falando, os efeitos dessa tendência do cérebro frequentemente vêm à mente agora quando estou lidando com situações que não atendem às minhas expectativas. E apenas esta pequena lembrança tem me ajudado a me manter mais motivado e positivo para lidar com as coisas em dias assim – e às vezes me coibem de correr atrás de recompensas consideravelmente irrelevantes.

Um psicólogo de Ohio, doutor Joseph M. Carver, relata que baixos níveis de dopamina prejudicam sua habilidade de cumprir tarefas, atividades, e até mesmo conversar, dificultando o ato de pensar com clareza e se concentrar.[12] Além disso, Sharon Begley escreveu em seu livro, *Train your mind, change your brain* (Treine sua mente, mude seu cérebro): "Quando os circuitos da dopamina não se comportam de maneira adequada, vícios podem ocorrer: os circuitos de dopamina de um viciado tornam-se tão habituados aos prazeres das bebidas alcóolicas, das compras, ou dos narcóticos, que ele requer mais e mais [dopamina] ou atividades para obter a mesma euforia."[13] A visão de mundo desprovida de alegria que muitos adultos mais idosos possuem pode ser em parte resultante do que Begley descreve como "um moroso sistema de dopamina".

Elevados níveis de dopamina são associados com comportamentos e pensamentos ilusórios. Carver insiste que quando os níveis começam a aumentar, nós nos tornamos "agitados, energizados, e depois desconfiados e paranoicos, e depois hiperestimulados pelo nosso ambiente". Enquanto níveis baixos fazem que seja difícil pensar com clareza, níveis elevados tornam nossa concentração tão intensa e limitada [estreita] que não sabemos separar o que é importante do que não é.[14]

Prestar atenção aos efeitos periféricos da dopamina pode ajudá-lo a lidar melhor com questões que provocam excitação ou falta de alegria e gerar melhor motivação, clareza mental e resoluções de conflitos. Além disso, você pode ter compreensão superior e gerenciar mais satisfatoriamente comportamentos que buscam emoções fortes, especialmente se e quando eles o levam a todos os lugares errados.

Eu Vênus, Você Marte?

Grande quantidade de pesquisas científicas relata que os efeitos dos hormônios sexuais estrogênio, testosterona e ocitocina têm uma função além da reprodutória e também podem afetar o sistema de atenção do cérebro. Além disso, os efeitos são, até certo grau, previsíveis e isso torna "escutar" esses hormônios ainda mais fácil. Isso quer dizer que homens e mulheres são de "planetas" neuroquímicos diferentes? Vamos dar uma analisada.

Estrogênio é o hormônio sexual normalmente associado às mulheres. Essencialmente produzido pelos ovários, é responsável por estimular o crescimento dos órgãos sexuais femininos, dos seios e regular o ciclo menstrual, assim como as características sexuais secundárias das mulheres. O que algumas pessoas não sabem a respeito do estrogênio é que ele também é produzido pelos homens em suas glândulas suprarrenais e testículos. No entanto, graças ao fato de ele fazer-se presente em quantidades menores em homens e aparentemente não ter nenhuma função– exceto quando presente em níveis extremamente elevados, aos quais ele foi relacionado à falta de apetite sexual – não é uma grande preocupação.

Para as mulheres, porém, o estrogênio há muito tempo tem sido associado com a habilidade de lidar com estresse e manter a memória aguçada. A doutora Sally Shaywitz, professora pediátrica na Escola de Medicina de Yale, relata que quando o estrogênio encontra-se no seu nível mais elevado – logo antes da ovulação – há um aumento na fluência verbal, na velocidade de comunicação e na memória funcional.[15]

O hormônio mais associado aos homens é a testosterona. Ele é produzido nos testículos e é responsável pelo desenvolvimento dos órgãos sexuais masculinos, assim como pelas características sexuais secundárias como o tom da voz e os pelos faciais. Surpreendentemente, o hormônio também é liberado pelas glândulas suprarrenais das mulheres, mas em quantidades bem menores.

Uma das características mais conhecidas da testoterona é sua ligação a um comportamente de dominância e agressividade. Seus efeitos, porém, podem ser esmaecidos. Por exemplo, pesquisas reconhecem que a testosterona aumenta a agressividade em homens que buscam *status*. Testes conduzidos pelo doutor Robert Josephs e seus parceiros do departamento de Psicologia da Universidade do Texas, em Austin, demonstram que isso é verdade quando participantes – homens *e* mulheres – com elevados níveis de testosterona se veem em tarefas de alta exigência.[16] Está tudo na percepção. Quando se viram em uma atividade de *status* inferior, ficaram distraídos, menos capazes de se concentrar e o desempenho diminuiu. Indivíduos com níveis mais baixos de testosterona não parecem ser afetados dessa maneira. Quando perguntei ao doutor Josephs a esse respeito, sua resposta foi clara: Somente indivíduos com elevados níveis de testosterona atuaram negativamente em posições nas quais se viram como seguidores e sentiram sua *persona* de elevado *status* ameaçada. Curiosamente, indivíduos com baixo nivel de testosterona, Josephs explicou, vivenciam as mesmas reações intensas quando colocados em posições de elevado *status*. Pesquisas demonstram que os níveis de testosterona diminuem naqueles que não se importam se ganham ou perdem, mas aumenta significativamente naqueles que querem dominar. Este último detalhe me fascina porque é uma das primeiras grandes lições que você aprende depois de se tornar um *expert* dos movimentos básicos no treino de artes marciais. Até esse momento você se preocupa principalmente com as exterioridades, as técnicas, os outros indivíduos e o ambiente. Agora, na próxima fase, você começa a prestar atenção aos seus mecanismos internos. Aqui a grande lição é desapego; você aprende a se livrar da ideia de ganhar ou perder. De fato, para enfatizar essa concepção, meu *sensei* tinha o hábito de dizer que não existe o conceito de ganhar ou perder – apenas o de participar.

Josephs é astuto, espirituoso e capaz de tornar as explorações a respeito de endocrinologia bem interessantes. Ele me parece o tipo de professor com quem os estudantes apreciariam trabalhar. Para mim, ele realmente acertou o alvo quando, de maneira semi-humorística me contou uma história sobre como uma das coisas que o atraiu para o estudo da Psicologia, em primeiro lugar, era a capacidade de um indivíduo se tornar tão afetado por sua bioquímica que, em questão de minutos, poderia se comportar como alguém completamente diferente. Depois, a pessoa poderia retornar ao seu *modus operandi* habitual sem se dar conta do que havia ocorrido. Certamente eu já havia vivenciado alguns momentos "Jeckle e Hyde" na minha vida – a maioria de nós provavelmente os vivenciou. Um amigo riu quando contei a história para ele, e depois me contou que ele estava trabalhando com alguém assim havia cinco anos. Toda vez que um superior repreende o indivíduo, meu amigo explicou: "ele fica extremamente irritado e essa irritação perdura por dias e depois é frequentemente anuviada por um mau julgamento". Por exemplo, "Poderíamos terminar um projeto gastando menos do que foi orçado, economizar dinheiro para a corporação e ser repreendidos por não termos feito um orçamento preciso.

Poderíamos completar um projeto gastando o que foi orçado e ser repreendidos por não termos sido capazes de economizar. Coisas desse tipo. Poucos dias depois, quando ele retornava ao normal, não percebia por que as pessoas mantinham distância dele." Ocorreu-me que não é muito diferente se você acidentalmente desse para um indivíduo que não consome cafeína um pouco de café com cafeína sem que ele soubesse. A droga agiria, desapareceria e ele não ficaria mais sábio – a não ser que estivesse treinando para regularmente escutar a sua química corporal.

O empenho em dominar, porém, Josephs insiste, somente é concretizado se você tiver a coragem de abordar sua meta e os efeitos da testosterona podem ser esmaecidos. De acordo com Josephs, os picos de alta criados pelo cortisol levam à passividade e podem induzi-lo a um bloqueio sob pressão. Um baixo nível de cortisol fomentará um comportamento agressivo, afirma Josephs. Pesquisas recentes realizadas por Josephs e seus parceiros da Universidade do Texas demonstraram que uma combinação de baixo nível de testosterona e um elevado nível de cortisol levam a um bloqueio sob pressão, enquanto uma combinação de um nível elevado de testosterona com um baixo nível de cortisol lhe ajuda a reunir forças em situações com poucas chances de sucesso.

Bill Clinton é um bom exemplo. Ele deu algumas das melhores palestras de sua vida no período de 24 horas após algumas das piores situações que enfrentou. Tiger Woods é outro exemplo, realizando algumas de suas melhores tacadas sob as maiores pressões sem hesitar.

Testes realizados na Universidade da Cálifornia, São Francisco, demonstraram que homens mais velhos com níveis naturalmente elevados de testosterona têm concentração, memória e outras habilidades de atenção intensificadas. Descobriu-se também que níveis mais elevados de testosterona reduzem o risco de declínio cognitivo e doença de Alzheimer em homens mais velhos.[17]

No entanto, níveis mais elevados de testosterona parecem ter efeito inverso em homens jovens, enquanto níveis mais baixos de testosterona aparentemente aumentam suas habilidades espaciais. Mulheres, por outro lado, demonstram aumento de suas habilidades espaciais com níveis mais elevados de testosterona.

Uma informação importante: pesquisas demonstram que você pode naturalmente aumentar seus níveis de testosterona por meio de exercícios físicos.

A ocitocina, importante hormônio liberado pela glândula pituitária, pode ser a mais popular droga do prazer do cérebro. Ela é rapidamente liberada durante o clímax sexual, o nascimento de uma criança, a amamentação, o toque e a massagem. Receptores localizados no campo dopamina do cérebro reúnem forças e amplificam as boas sensações resultantes dessas atividades e podem produzir intensa sensação de calma e fomento.

Durante décadas acreditava-se que a síndrome da luta ou fuga aplicava-se igualmente a homens e mulheres, mas em instigante estudo, publicado no *Psychological Review,* liderado pela doutora Shelley Taylor, professora de Psicologia da Universidade da Cálifornia e autora do livro *Tending instinct,* apresentou opinião diferente. Seus achados basearam-se em centenas de respostas ao estresse por milhares de cobaias humanas e animais. O que Taylor e seus parceiros descobriram foi que mulheres tendem a lidar com fatores estressantes recorrendo a ações de "cuidar e agir como amigo" enraizadas em fomentar e na busca por contato social, particularmente com outras mulheres. Adicionalmente, sim, mulheres semelhantemente aos homens, também reagem ao estresse com uma rápida liberação de adrenalina e cortisol. Contudo, aí entra a ocitocina, que afeta as mulheres mais que os homens. Taylor relatou que nas mulheres, o estrogênio aumenta os efeitos de bem-estar de ocitocina, reduzindo a liberação de adrenalina e de outros hormônios de estresse na corrente sanguínea e incrementando a resposta "cuidar ou agir como amigo". No entanto, nos homens, a testosterona aparentemente diminui o efeito da ocitocina. Assim, os hormônios sexuais femininos fornecem às mulheres uma vantagem ao lidar com o estresse, que pode ser traduzida por uma melhor resposta às novas informações sob a influência dos sentimentos "lute ou fuja".[18]

Geralmente, homens e mulheres com níveis mais elevados de ocitocina são mais sociáveis e mais confiáveis.

Escutar inteligentemente os hormônios relacionados com o sexo (gênero) colocará atenção mais cuidadosa em como você se sente em grande quantidade de ambientes e durante certos momentos e estações. Escutar inteligentemente permitirá que você combine atividades prioritárias com o melhor momento e local para alcançar seu melhor desempenho.

Todavia, nós realmente habitamos em uma selva endrócrina onde homens e mulheres são tão distintos que o sexo predeterminará como agimos e sentimos a respeito de tudo? Não parece provável. Entretanto, não há dúvidas de que prestar atenção à bioquímica do outro sexo pode nos ajudar a aprender a respeito de nossas diferenças e começar a ter apreço pelo outro sexo à luz dessas diferenças. Isso só incrementará nossa habilidade como indivíduos para ter melhor relacionamento assim como ter mais apreço e amar mais mutuamente. Saber prestar atenção o ajudará a refletir sobre aquilo com o que você pode contar e como você poderá compensar na sua tentativa de combinar níveis hormonais, ambientes e metas, como Josephs disse, para tornar as coisas mais "hormoniosas".

3
O FATOR EMOCIONAL

> De fato, há várias pesquisas esclarecedoras que demonstram que, quando chega a hora de tomar decisões e de influenciar comportamentos, sentimentos importam tanto, e talvez ainda mais, que pensamentos.
>
> –Daniel Goleman

O FATOR EMOCIONAL

Todos nós já sentimos emoções. De fato, todo mundo já sentiu amor, ódio, felicidade, desgosto e medo. Esses sentimentos são o material intenso que pode moldar muitos aspectos do seu bem-estar físico e mental. Eles podem influenciar sua percepção, memória, a razão por que você realiza uma ação e não outra, e até mesmo seus sonhos. Observando como as emoções funcionam no seu cérebro, você pode ter melhor compreensão de como elas afetam sua atenção e guiam seu foco, em determinados momentos, sem que você esteja conscientemente envolvido. Esse entendimento pode ajudá-lo a transformar suas emoções em importantes instrumentos de atenção e, como consequência, ajudá-lo a maximizar seus pensamentos e suas ações à medida que você presta atenção às coisas no seu dia a dia.

Recentemente, cientistas aprenderam muito a respeito de onde vêm as emoções e por que elas são necessárias. Psicólogos voltaram-se para a evolução a fim de buscar dicas. O que eles descobriram é que muitas de nossas respostas emocionais estão ligadas aos nossos mecanismos primitivos de sobrevivência – o medo, por exemplo, bombea mais sangue através do nosso corpo; a raiva nos leva a uma sobremarcha, que torna nossos comportamentos de "luta ou fuga" mais eficientes.

Cientistas se referem à área do cérebro associada a essas respostas como o *sistema límbico,* e sua sede na *amígdala,* uma parte do prosencéfalo que recebeu esse nome porque sua forma assemelha-se a uma amêndoa. Uma parte muito antiga do cérebro em termos de desenvolvimento evolucionário, a amígdala encerra as chaves de felicidade, tristeza, medo, raiva e desgosto.

À proporção que aquele componente do cérebro, conhecido por *córtex cerebral* (habitualmente chamado *massa cinzenta*), evoluiu, ganhamos a capacidade de resolver problemas, organizar, planejar e lembrar de coisas por meio de um pensamento racional. Entretanto, um indíviduo necessita ter motivação, emoção e desejo para que essas situações ocorram e é o nosso sistema límbico que acende nosso fogo, por assim dizer, e sinaliza a nossa disposição emocional.

Embora ambas as áreas do cérebro trabalhem em conjunto, elas têm funções distintas. Por exemplo, a emoção do medo cresce a partir do seu sistema límbico, mas localizar precisamente o alvo do seu medo – ou pensamentos pavorosos que você pode ter a seu respeito – envolve o córtex cerebral. A luxúria nasce do sistema límbico, enquanto ser capaz de identificar se você está amando provém do córtex cerebral, que, como as pesquisas indicam, tem acesso à memória assim como à razão. Os dois sistemas, porém, nem sempre estão sincronizados, e assim eles podem nos pregar peças.

Medo irracional

Uma noite no verão passado, enquanto cortava a grama, senti uma repentina dor aguda na parte inferior da minha perna. Presumi que havia sido picado pela costumeira mosca preta ou mosquito, presentes na nossa parte da mata. Ou poderia ter sido por mutuca, que existem em abundância embora tenham sumido nos ranchos onde eu e meus vizinhos construímos nossas residências.

Antes que eu tivesse chance de examinar a mordida, minha perna foi atacada por dezenas de vespas americanas, pequenas vespas que eu aprendi que podem, como minha filha tinha o hábito de dizer, "fazer dodói em você". Não demorou muito tempo – talvez poucas horas mais tarde – para que minha panturrilha inchasse até atingir o tamanho de uma berinjela. O inchaço, o consequente vermelhidão e a dor muscular perduraram por duas semanas. E mais tarde, um mês depois, toda situação ocorreu novamente e as vespas me atacaram uma segunda vez. Foi nesse momento que aprendi que as vespas americanas frequentemente fazem suas casas em buracos abandonados por toupeiras e atacam no nível do solo, então elas são criaturas bem furtivas que não demonstram nenhum escrúpulo em expressar seu descontentamento reiteradamente até que você preste atenção. Desnecessário afirmar que aprendi a localizar suas pequenas plataformas de lançamento de uma boa distância, o que meu *sensei* teria chamado de *alcance de um chute*. De fato, minha atenção tornou-se tão aguçada em relação aos seus ninhos que tenho conseguido me manter seguro desde aquele momento. Então, poderíamos pensar que isso seria o fim desse assunto, mas meu cérebro aparentemente não achava e me surpreendeu mais uma vez.

A surpresa chegou quando estava de pé na minha sala. De repente, do canto do meu olho eu vi algo zunindo na minha cabeça. Eu reflexivamente começei a abanar meus braços – com tanta intensidade, de fato, que se eu não estivesse em um ambiente amplo, digamos que em vez disso estivesse guiando em uma estrada, minhas ações teriam sido perigosas. Conforme eu saí do que eu havia concluído ser outro ataque de vespa, percebi que meu atacante era somente uma mínuscula mosca doméstica. Foi de certa maneira engraçado. Uma vez que a parte frontal do meu cérebro recebeu a mensagem de que o atacante era somente uma mosca, eu começei a me acalmar, alguns milissegundos depois do centro do meu cérebro – minha amígdala – ter me colocado em um estado de choque. Todo o incidente, embora até certo ponto engraçado, ofereceu outro exemplo significativo de como o processamento de informação emocional pode não ser sincronizado.

Então, por que essas coisas ocorrem? E há alguma coisa que você possa ou deva fazer a respeito da maneira como você processa informação emocional – particularmente, aquelas baseadas em medo?

As respostas para essas perguntas estão arraigadas em algumas funções cerebrais bem primitivas. Graças à sua ligação evolucionária com o instinto de sobrevivência, pesquisadores acreditam que o medo é uma das emoções mais difíceis de ser controlada, que é o motivo pelo qual reagimos à informação ligada ao medo de maneira tão veloz. Resumindo, seu cérebro está preparado para salvar sua vida. Então, novamente, seu cérebro está conectado para responder antes e preocupar-se com precisão depois. Lembre-se, você não pensa quão rápido terá de correr de um dinossauro; você apenas precisa fazê-lo.

Pode ser fácil limitar sentimentos a apenas sentimentos, mas psicólogos afirmam que esses poderosos e primitivos reflexos ainda são cruciais para a sobrevivência. Capazes de desencadear procedimentos comportamentais em milissegundos, emoções podem ajudá-lo a prestar atenção a grande quantidade de informações a velocidades extremamente elevadas. Assim, emoções podem intervir e limitar seu número de escolhas, melhorando o tempo de reação às novas informações. Por outro lado, elas também podem afastá-lo da ação, para um comportamento de fuga.

As emoções são responsáveis pelos sentimentos de relaxamento, vínculo ou estresse e isso pode ser bom ou ruim, dependendo da precisão de sua atenção em cada situação.

Por exemplo, quando pensei que uma mosca doméstica era uma vespa, as consequências não foram sérias. Se, porém, eu tivesse sido na verdade o alvo de mais um ataque de vespa, minha reação automática e a tempo, baseada em medo, teria me ajudado a não me ferir. Qualquer tentativa de ter analisado a situação teria sido catastrófica. Se, por outro lado, eu estivesse guiando em uma autoestrada estadual, minha reação visceral poderia ter criado problemas mais sérios. A dificuldade é que sentimentos nem sempre indicam qual é a melhor reação para o momento.

Trata-se de um tigre atrás dos arbustos ou você está feliz em me ver?

Controlar o medo faz parte da maioria dos treinos de artes marciais. A ideia se resume ao fato de que, embora você não consiga impedir que o medo entre na sua vida, você pode aprender a controlar suas reações diante dele. Antes de mais nada, um praticante de artes marciais aprende a distinguir o que é ou não é uma ameaça real.

Eu me lembro do primeiro *roundhouse* que vi em direção à minha cabeça, vindo a aproximadamente 120 quilômetros por hora. Minha reação deve ter sido um tanto ridícula. Minha antecipação de ser atingindo me estressou tanto (e eu atualmente suponho foi amplificado por uma produção maior de cortisol) que me levou a um estado de total inércia. Eu não poderia ter feito mais nada, mesmo se quisesse. Simplesmente fiquei paralisado. Ironicamente, porém, o chute não me atingiu. Entretanto, meu parceiro, como eu mais tarde aprendi, estava torcendo para que eu ficasse paralisado – e de certa maneira havia planejado não acertar o chute. Então, quando entreguei exatamente o que ele esperava, ele realizou seu verdadeiro movimento, registrando alguns socos no lugar do chute. No decorrer das aulas, revivi esse cenário diversas vezes com meus outros adversários de treino. Finalmente, meu instrutor veio conversar comigo.

"A maioria dos chutes que o deixaram paralisado nunca teriam lhe atingindo," ele comentou. "Eles estão aterrisando muito longe."

Ele explicou que, semelhantemente ao que ocorrre a muitos novos alunos, meu medo de ser atingido estava me prejudicando. Eu estava de certa maneira derrotando a mim mesmo. Se fosse para eu vencer meus medos, teria de ser capaz de distinguir entre uma ameaça real e uma imaginária, e isso é importante. Medo é a maneira do seu cérebro identificar uma potencial dificuldade. Você não pode ignorar o medo ou poderá perder um pedaço de uma importante informação – às vezes, realmente há um tigre atrás dos arbustos. Então, é necessário que haja um equilíbrio. Por outro lado, uma vez que você sente medo, você não pode ser temeroso para sempre. No momento apropriado, você tem de relaxar e, então, decidir se você está realmente, enfrentando uma verdadeira ameaça e como responder a ela.

Para me ajudar a compreender, meu *sensei* me falou para mentalmente desenhar um círculo, de qualquer cor, ao meu redor. O círculo deveria ser um pouco mais comprido que a extensão de um dos meus chutes, uma distância suficientemente longa para afastar-me do perigo. Depois, ele pediu para imaginar outro círculo, de cor diferente, ao meu redor, um pouco mais comprido que a distância dos socos dele. Essas eram minhas distâncias.

Se um adversário entrasse em uma dessas distâncias, eu deveria julgar suas ações como uma ameaça e lançar uma resposta eficaz. Eu poderia bloquear, socar, chutar, ou realizar qualquer combinação desses golpes, contanto que minhas respostas fossem apropriadas às distâncias dentro das quais eu estava trabalhando. Se, porém, um adversário permanecesse do lado externo dos meus círculos imaginários, mesmo se ele ou ela fizesse todo o alarde do mundo, lançasse qualquer tipo de olhar ou ataque ameaçador, insultasse-me, o que quer que fosse, minha função era me manter calmo e não julgar ele ou ela como uma ameaça.

Lembro-me, uma vez, de ter ficado bem frustado enquanto treinava com meu instrutor. Depois de eu ter lançado um bom número de ataques sem eficácia, comentei, "Você não está reagindo. Eu não tenho nada com que possa trabalhar".

Ele reagiu ao meu comentário. "Você não está me dando nada para que eu possa reagir," ele disse.

Com muita prática correta e repetição, minhas reações melhoraram. Entretanto, ser capaz de diferenciar as ameaças reais das outras é uma habilidade que preciso continuar desenvolvendo até hoje e aprendi que é a maneira de a natureza nos proteger.

Avaliar ameaças é sempre difícil, mas a boa notícia é que você pode tornar-se mais versado nessa habilidade. Sua primeira tarefa é reconhecer e sentir seu medo. Depois aprender a tirá-lo da sua mente e decidir que opções você tem para lidar com ele. Independentemente de estar sobre os tatames ou não, tenho empregado essa lição para aprimorar minha concentração e me poupar de muitos momentos lastimáveis.

França, 1911

Há uma história convincente, já escrita várias vezes, que se tornou popular por meio de Joseph LeDoux; ela fala a respeito de uma intrigante experiência realizada pelo médico francês Edouard Claparede, em 1911. Em um relatório entitulado "*Recognition and me-ness*", Claparede detalha uma experiência, que se concentrou na capacidade do cérebro para sentimentos de *déjà vu* ou familiaridade, e demonstrou que certos tipos de reconhecimento – como os emocionais – podem estar arraigados em um alguns instintos bem primitivos. Esses sentimentos viscerais são semelhantes ao que ele pensava que animais devessem vivenciar quando reconhecessem certas presas e situações destituídas de qualquer apreensão do passado em relação a, digamos, datas, horários, um número de ocorrências de determinada experiência, e assim por diante. Como conta a história, Claparede tinha uma paciente, uma mulher de 47 anos que, do mesmo modo que a personagem principal do filme *Memento,* aparentemente perdeu sua habilidade de criar qualquer memória nova. Como ele explicou: "ela esquecia de um minuto para o outro o que lhe haviam dito ou os eventos que haviam ocorrido. Ela não sabia que ano, mês ou dia era, embora contassem para ela constantemente".[1] Um dia, antes de encontrar com sua paciente, Claperede realizou o que ele denominou de "curiosa experiência" para verificar se ela lembraria de algo que fosse puramente emocional. Ele colocou um alfinete entre seus dedos e, então, enquanto eles davam um aperto de mão, como era sua saudação habitual, ele apertou o alfinete contra sua mão, e ela rapidamente retraiu-se – e em poucos minutos esqueceu que aquilo tivesse ocorrido. Contudo, da outra vez que ele estendeu sua mão para cumprimentá-la, ela rapidamente retirou a mão e recusou.

A questão em relação à história de Claparede foi que ele testemunhou dois tipos distintos de memória: um tipo que armazena eventos e experiências para uma recordação consciente posterior, e outro tipo que pode controlar o comportamento de uma pessoa sem nenhuma consciência e aprendizado prévio.

Os cientistas denominam o primeiro tipo de memória como a *memória declaratória,* que exige uma recordação consciente; por exemplo, posso me lembrar de ficar seriamente chocado. Eles denominam o segundo tipo como a *memória implícita,* que é virtualmente inconsciente e baseada na emoção, como foi demonstrada quando o paciente de Claparede recusou-se a apertar sua mão.

Tudo bem, vamos desmembrar o medo

Pesquisas demonstraram que o medo é parte da natureza humana assim como virtualmente parte da natureza de todos os animais. O que LeDoux descobriu é que a informação referente ao medo é processada no seu cérebro em duas vias distintas. Ele chamou essas vias de *via baixa (low road) e via alta (high road).* O processamento na via baixa contorna as capacidades declarativas do neocórtex e rapidamente as põe em ação para que você não necessite pensar em nada - uma resposta não declaratória, apenas pura reação. Em contraste, o processamento pela via alta liga a habilidade do neocórtex para raciocinar para dentro de sua rede de atenção e tem a função de impedi-lo de realizar uma resposta imprópria. As principais diferenças entre as duas vias são a velocidade e a qualidade dos detalhes fornecidos, que influenciam os resultados à medida que você se move em direção às suas metas.

Observaremos aqui como isso funciona. Como foi mencionado, a sede das atividades baseadas em medo é a amígdala, e ela recebe tanto o *input* da via baixa quanto da via alta. Informações sensoriais (cheiros, paladares, o sentido tátil das coisas, visual e sons) são inicialmente processadas no cérebro pelo tálamo e depois retransmitidos em parte diretamente para a amígdala. O processo é rápido, mas a informação é difícil de compreender. Nessa via, por exemplo, a amígdala seria incapaz de distinguir entre uma abelha e uma mosca doméstica ou um chute que poderia atingi-lo e um que simplesmente não lhe alcançaria. Quando penso a respeito da informação da via baixa, lembro-me das antigas fotocopiadoras analógicas e de como elas não eram muito boas para fazer cópias nítidas (cópias das cópias). De fato, quanto mais longe da linhagem de origem você fosse, mais indistintas as cópias. Finalmente, você não podia mais distinguir certos detalhes como as diferenças entre um "C" e um "O". Então, quando tento visualizar a informação da via baixa, é dessa forma que eu a vejo. O processamento da informação da via baixa generaliza a informação ao ponto em que um bastão pode ser indistinguível de uma cobra, uma BMW de um Jipe, ou a voz de Barack Obama da voz de John McCain.

Entretanto, o tálamo também envia informações através do que LeDoux chamou de via alta – agora envolvendo o neocórtex. A via alta lhe oferece a habilidade de analisar e lhe fornece lúcido e preciso relato dos detalhes. Nessa via, as vozes de McCain e Obama seriam bem diferentes.

Então, por que a natureza nos fornece dois mecanismos aparentemente redundantes para transportar informação referentes ao medo para o cérebro? E por que nós não evoluímos apenas do processamento da via baixa? Porque, LeDoux relatou, "O tempo economizado pela amígdala ao agir sob a informação do tálamo pode representar a diferença entre a vida e a morte. É melhor ter tratado uma vareta como uma cobra, que não ter reagido a uma provável cobra.[2] Por outro lado, o envolvimento do neocórtex nos fornece o poder de aprender, editar e criar novas maneiras de responder aos nossos sentimentos.

Em pesquisa realizada pela Arnie Ohman e seus colegas pesquisadores no Instituto Karolinska, na Suécia, Ohman e seus parceiros descobriram que pessoas com fobia de animais foram consistentemente mais ligeiras em localizar importantes alvos provocadores de medo, como cobras ou aranhas dentro de uma miríade de possíveis alvos projetados que entre alvos irrelevantes em termos de provocar medo, como uma flor ou um cogumelo.[3]

Ainda assim, como destacamos na história do tigre, distrações (no caso da história do tigre, um coelho) podem desempenhar importante função na determinação do resultado de seus comportamentos. O interessante nas pesquisas de Ohman é o efeito dessas distrações. Quando adicionadas à mescla, distrações como flores foram capazes de diminuir a capacidade das pessoas de localizar alvos de medos não relevantes, mas não os alvos temidos. Equivale a dizer que distrações podem não influenciar a velocidade de atenção com a qual você é capaz de localizar os alvos temidos – uma descoberta significativa. Além disso, Ohman e seus parceiros descobriram que a habilidade das pessoas para localizar rostos tristes em uma multidão de rostos felizes funcionava da mesma maneira. Expressões faciais negativas chamam sua atenção mais rapidamente, até mesmo no meio de uma multidão de distrações felizes. Então, coisas positivas podem chamar sua atenção e distraí-lo das coisas que você não teme, mas não interrompem as coisas que você teme. Uau.

Para mim, a pesquisa de Ohman trouxe à mente o tiroteio de Amadou Diallo, de 4 de fevereiro de 1999, no qual foi relatado que quatro policiais de Nova York atiraram múltiplas vezes contra Diallo, de 23 anos, que estava desarmado. Como a história foi relatada, policiais a paisana viram Diallo e, acreditando que ele se parecia com a descrição de um (desde então capturado) estuprador em série, aproximaram-se dele. Afirmando que ruidosamente se identificaram como oficiais do Departamento de Polícia de Nova York, os policiais relataram que então Diallo subiu correndo os degraus externos em direção à entrada de sua residência, ignorando as ordens dos oficiais de parar e "levantar as mãos". De acordo com os policiais, à medida que eles se aproximaram, Diallo colocou a mão dentro de sua jaqueta. E quando ele fez isso, um dos oficiais acreditou que Diallo estava sacando uma arma e gritou "arma" para alertar seus colegas. Os outros oficiais abriram fogo contra ele.

Devemos nos indagar em quantas conjecturas detalhes alternativos nesse incidente – detalhes importantes – poderiam ter se apresentado, detalhes que poderiam ter levado a escolhas diferentes e, talvez, a uma solução mais pacífica. Por outro lado, a velocidade de processamento nessas decisões de vida ou morte é desconcertante.

Baseando-me na literatura científica atual, concluí que outros detalhes que poderiam ter sugerido outras reações possíveis no incidente com Diallo talvez não tivessem sido capazes de interferir na velocidade dessas decisões cruciais. Contudo, isso não significa que nada poderia ter sido feito em relação a uma intervenção cognitiva. A base para essa intervenção, é claro, teria de ter sido estabelecida muito antes que a vida exigisse a necessidade de se ter essa habilidade. Considero necessário o treinamento de intervenção para cada indíviduo em um ofício em que decisões de frações de segundo de vida ou morte devem ser tomadas de maneira muito mais precoce.

Uma compreensão básica de como seu mecanismo de atenção opera pode ajudar a criar novas maneiras intrigantes de interferir quando a vida dá respostas automáticas potencialmente perigosas. Para mim, em uma escala muito menor, aprender algumas coisas sobre os hábitos das vespas americanas ajudou-me a evitar uma repetição do que ocorreu no último verão. Em escala significativamente maior, um policial, ciente de que alguém que ele esteja perseguindo está agindo por medo (sentimento amplificado por meio de uma enxurrada de atividade hormonal), como o oficial deve estar, pode fazer uma pausa para examinar a miríade de outros dados que também estão surgindo da situação – alguns dos quais poderão lhe dizer para abortar algumas ações específicas que está prestes a realizar. Esse tipo de aprendizado pode ajudar a produzir, no futuro, avaliações mais lúcidas e precisas de situações de alto risco e ofercer opções mais apropriadas de comportamento.

A questão permanece: Se você estiver procurando por uma cobra na grama, poderá escutar o som da água, visualizar o borrifo da névoa, ver o tubo de náilon e o bocal de cobre, e mesmo assim, independentemente do número de distrações que surgem na situação à qual você está prestando atenção, alguns dos quais indicariam que você na verdade não está vendo nada além de uma mangueira de jardim, independentemente disso tudo, você verá uma cobra. E então, afinal de contas, você pode treinar seu cérebro para operar diferentemente? Ou você está predestinado a ser o fantoche das próprias ligações neuroquímicas?

INSTINTO BÁSICO

A maioria dos *dojos* possui vários treinos para ajudá-lo a desenvolver instintos básicos úteis. Uma forma de realizar isso é começar a apertar seu botão de pausa mental em reações específicas provocadas pelo medo e, então, redirecionar sua atenção para toda a situação que está ocorrendo.

Certa vez, meu *sensei* trouxe um enorme par de luvas de boxe, que pesavam 400 gramas, que são aproximadamente cinco vezes maiores que o tamanho de um punho normal. Depois ele me colocou com um parceiro no centro dos tatames e pediu que eu segurasse minhas mãos atrás das minhas costas. Ele nos colocou face a face e deu as luvas para meu parceiro. A tarefa do meu parceiro era atingir minha cabeça usando 75% da sua força habitual. Eu deveria estar aprendendo algo sobre balançar para frente e para trás para evitar golpes e, a propósito, ele avisou que meu parceiro seria o próximo.

Talvez percebendo o olhar de pavor em nossos olhos, nosso *sensei* retomou as luvas. Ele nos disse que golpearia cada um de nós algumas vezes usando 25% da sua força. Naquela época, até mesmo um golpe tão leve me preocupava, mas depois de ter sido golpeado várias vezes, percebi que as luvas eram sentidas como se eu estivesse sendo atingido por um pequeno travesseiro. A ameaça havia desaparecido, e com ela meu receio. Tirar o medo da mente ajudou a me concentrar nas coisas importantes. Isso, por sua vez, ajudou-me a colocar minha atenção na criação dos movimentos corretos exigidos para escapar dos socos que vinham em minha direção. O que no primeiro momento fez-me ansioso acabou tornando-se um dos meus treinos favoritos. Até hoje, emprego esse treino para aperfeiçoar minhas habilidades de *sparring* e para ajudar a afastar medos desnecessários.

Todos os anos no nosso *dojo* da faculdade, eu agora peço para meus alunos de artes marciais para identificar o que eles mais temem, em relação à autodefesa. Então, reúno um grupo de instrutores de várias correntes de artes marciais para tratar dessas preocupações. Uma por uma, pouco a pouco, nós montamos técnicas para eliminar as aflições de todos. Então trabalhamos essas técnicas. Visualizações para verificar como elas poderiam ser úteis para subjugar certos ataques antes que eles verdadeiramente se apresentassem no tatame – ou em uma situação real. As visualizações fornecem uma estratégia pré-jogo, de modo que se o ataque que você estiver treinando fosse ocorrer – digamos no tatame – você estaria preparado, e mesmo se acabasse sendo atingindo, pelo menos não estaria se permitindo atrapalhar ou fazer algo disfuncional; resumindo, ser derrotado pelos próprios medos.

A ciência e as artes marciais concordam neste ponto: Sua primeira tarefa ao lidar com o medo é sentir sua totalidade. Uma vez que você descobriu o que teme, sua tarefa é percorrer seu inventário de procedimentos (ou inventar novos) com o próposito de identificar maneiras eficazes para "lidar com a situação", por assim dizer, quando situações que provocam medo aparecem.

IE (INTELIGÊNCIA EMOCIONAL)

Testes de inteligência foram inventados na França em 1904, quando o psicólogo Alfred Binet foi autorizado pelo governo francês a encontrar um método de diferenciar crianças que eram "intelectualmente normais" daquelas que eram "inferiores".[4]

O teste de Binet baseou-se no que ele insistia que eram "as funções mentais superiores," que para ele significavam pensamento racional. Baseado em seu trabalho, o termo *QI* foi mais tarde inventado para descrever a habilidade mental de uma pessoa.

Mesmo assim, a maioria de nós sabe, a partir de nossas experiências, que é difícil ignorar o poder que as emoções exercem sobre nossos julgamentos e decisões. Ainda assim, surpreendemente levou cem anos para significativamente abalar o que Binet tinha estabelecido como "inteligência", quem a tem e quem não a tem. Entra em cena o doutor Daniel Goleman.

Goleman, cujo livro revolucionário, *Inteligência emocional,* de 1994, fascinou pessoas internacionalmente, oferece outra dimensão para entender a inteligência humana. Com esse próposito, Goleman argumenta que: "O próprio nome, *Homo sapiens,* a espécie que pensa, é enganoso".[5]

De fato, existe vasta e clara pesquisa que mostra que quando chega a hora de tomar decisões e influenciar comportamentos, os sentimentos têm tanto peso quanto, e talvez até mais que, o pensamento.

"Fomos longe demais" - Goleman insiste - "ao enfatizar o valor e a importância do meramente racional – do que QI mede... Para melhor ou para pior, a inteligência pode fracassar quando as emoções dominam.[6]

Lembrando-me daquela cena às seis horas da manhã, quando Isabella fantasticamente dançou pelo chão da cozinha, afirmando que estava dançando com seu coração, percebi que atualmente a ciência pode, com autoridade, mapear as dores do coração humano dentro desse campo fenomenal que chamamos de atenção. E é esse elemento adicional, previamente estudado no domínio de poetas e artistas, que hoje desafia cientificamente aqueles que subscrevem a norma que QI é genético e que independentemente de suas experiências de vida, sucesso e destino serão determinados somente pelas habilidades associadas com QI.

Goleman colocou a questão: "Que fatores estão em jogo, por exemplo, quando pessoas com alto QI fracassam e outras com QIs modestos se saem surpreendentemente bem?[7] A diferença muitas vezes reside no autocontrole, na persistência e na motivação da pessoa – inteligência emocional (IE). Existem diversos exemplos em nossas famílias, locais de trabalho, escolas e de decisões pessoais.

Tente fechar seus olhos por um momento. Concentre sua atenção em como você se sente agora. O sentimento pode ser sutil. Você poderá simplesmente sentir uma tendência de prazer ou desprazer, conforto ou desconforto, e o sentimento pode mudar. Contudo, pesquisadores acreditam que esses sentimentos sutis são o programa funcionando sob cada decisão que você toma e no final das contas por trás de tudo o que você faz. De fato, você consegue se lembrar do momento em que você não teve propensão de sentimento? Para muitos de nós a resposta será um não definitivo. E as pesquisas demonstram que esses sentimentos podem influenciar praticamente tudo o que você faz. IE é escolher como e quando prestar atenção aos sentimentos.

O fato de querer saber mais a respeito da teoria que teve tanta influência sobre Goleman levou-me ao trabalho do psicólogo, doutor John Mayer, da Universidade de New Hampshire, que, com um colega, Peter Salovy, de Yale, formularam a teoria da inteligência emocional em 1990.

Agora, em alguma parte próxima da metade da minha pesquisa, tornei-me desconfiado de que a informação automática emocionalmente impulsionada poderia ser direcionada no mundo de decisões de frações de segundos e ser empregada para estabelecer respostas mais rápidas e precisas. Tinha esperança de que Mayer fosse capaz de acrescentar algo a este quadro.

Mayer define inteligência emocional como a compreensão dos próprios sentimentos, assim como a empatia pelos sentimentos dos outros, e a capacidade de regular as próprias emoções para que elas melhorem sua existência. Sua habilidade de lidar com relacionamentos sociais – ser capaz de lidar com as emoções dos outros – é uma maneira de mensurar a IE.

A exemplo de todos os especialistas neste livro, John Mayer imediatamente me pareceu uma pessoa que cumpre o que promete. É fácil tratar com ele. Ele é afável e dá a impressão de que está escutando profundamente. Sua atenção é algo que se pode sentir, penetrando em você para compreender o que você está sentindo e o que está pensando e acolhendo-o na sua mente. Ao falar com ele, você começa a sentir que está vivenciando IE em ação. E ao ver os benefícios, você fica ansioso para se tornar emocionalmente mais inteligente.

Finalmente, conseguir conversar com o doutor Mayer me fez sentir como se tivesse encontrado o equivalente de qualquer grande cientista teórico que devemos admirar. Apenas escolha um; foi assim que me senti. Afinal de contas, foi ele e Salovy que, de certa maneira, ampliaram a teoria de Binet que permaneceu firme por quase um século. Mayer é um dos grandes expoentes da história científica; foi verdadeiramente uma experiência ímpar falar com ele.

"Emoções" - ele explica - "são prioritárias". Elas são importantes porque podem indicar-lhe algo além do que está ocorrendo com você em determinado momento. Por exemplo, digamos, que você esteja trabalhando ao computador e a terra começa a tremer, suas emoções podem redirecioná-lo para o que é mais importante; isto é, encontrar um local seguro. Emoções são informações".[8]

Mayer denomina emoções como "*informações prementes*", as quais ele define como pessoalmente relevantes, informações declarativas de importância pessoal. "Você pode afirmar" - ele explica - "Albany é a capital do estado de Nova York" (informação fria) ou "Minha mulher e eu nos casamos em Albany" (morna), ou "Eu amo morar em Albany" (quente).

Inteligência emocional envolve alterar sua atenção entre todos esses três tipos de informação com o propósito de alcançar o melhor resultado em qualquer situação.

"Digamos que você tenha de escolher entre pendurar uma foto de uma cadeira comum e uma cadeira elétrica para chamar a atenção em sua casa" - Mayer explica - "Informação fria simplesmente não funcionará. Um foco ingênuo [em oposição a um emocionalmente inteligente] é prestar atenção somente nos detalhes quentes ou frios."

Rememorando, vejo que isso pode ser verdade em relação a tudo, desde responder a um aluno agressivo (ou professor) na classe até como responder à negação de um pedido de promoção desejada, ou até puxar o gatilho e atirar em um suspeito por medo.

Pesquisas demonstram que IE e QI, embora sejam ambas medidas de inteligência, são bem distintas. Por exemplo, homens e mulheres que têm apenas alto QI apresentam perfis comportamentais semelhantes. De certa maneira, eles simbolizam a imagem cômica, digamos, de um professor que sabe bem sua matéria e como ensiná-la, mas se você o tira da sala de aula, ele é incapaz de ter uma simples conversa com alguém, ou um cirurgião que é milagroso na sala de cirurgias, porém uma vez que seus bisturis são guardados, ele parece fora de contato.

Goleman defende homens que têm elevada inteligência emocional. Eles, de acordo com Goleman, têm "postura social, são extrovertidos e alegres e não têm tendência a ter medo ou preocupações... a vida emocional deles é rica, mas apropriada; eles sentem-se bem consigo mesmos, com os outros, e com o universo social que habitam. [E as mulheres emocionalmente inteligentes] tendem a ser mais assertivas, expressam suas emoções e sentem-se bem consigo mesmas; a vida tem significado para elas".[9]

Emoções, para o bem ou para o mal, chamam nossa atenção independentemente de sermos capazes de lidar com elas de maneira inteligente ou não. Elas podem nos comandar por meio de nossos instintos mais primitivos ou nós podemos inteligentemente prestar atenção a elas, integrando-as em nosso sistema de raciocínio. É a diferença entre ficar nervoso quando o estacionamento do seu local de trabalho não tem vagas e você está apressado para chegar à uma reunião às nove horas, e depois fazer algo nessa reunião de que vai se arrepender ou, ao em vez disso, falar para si mesmo: "Isso que estou sentindo é raiva, mas não vou deixá-la atrapalhar a reunião". Tendo uma percepção clara e firme de como você se sente em relação a situações da vida, ajuda-lhe a tomar decisões melhores a respeito de qualquer coisa desde *devo andar sozinho por esta rua às onze horas da noite?* até *devo comprar esta casa? Aceitar este emprego? Sair para namorar? Casar com esta pessoa? Usar esta arma?*

CONHECENDO A SI MESMO

Graças à maneira como seu cérebro está conectado, você pode ter pouco ou nenhum controle sobre quando será inundado por emoções ou quais emoções está sentindo. Entretanto, você pode determinar por quanto tempo permanecerá "sob essa influência", assim como ajustar respostas que estão mais alinhadas a metas. Isso nos traz de volta à questão anterior: nossa noção de nós mesmos.

A informação quente da emoção ajuda você a criar sua ideia de si e reconstruir os procedimentos de atenção para que eles sejam mais funcionais para a pessoa que você é e que quer ser. Dessa forma, emoções podem ser vistas como uma contribuição para uma inteligência mais ampla, que inclui uma compreensão mais precisa de si – na medida em que você se vê em experiências anteriores, como você é atualmente e em relação a como você se vê no futuro.

Si mesmo para Mayer significa "autorrepresentações da própria personalidade, ou pode referir-se a 'eu' mesmo ou pura consciência, a execução da consciência".

Parece que a definição de Mayer se encaixa em uma ampla gama da literatura mundial, assim como em muitas tradições corpo-mente, enquanto em um nível o si mesmo assemelha-se ao que está na sua personalidade, em outro, ao que nessas tradições é apresentado como a pura consciência (e talvez para algumas como a alma). Seja qual for a maneira pela qual você queira analisá-la, dentro de todas essas tradições, o "eu" compreende quem você é. Desse modo nos faz retornar a Salinger, que trata do "eu" como o centro da vida, insistindo que se você perder contato com essa parte de si – seu cerne – corre o risco de perder contato com tudo.

Contudo, Salinger realmente poderia saber o que os cientistas descobririam décadas depois de ele ter escrito seu famoso livro? Eu não sei essa resposta. Não há dúvida de que ambos concordariam que é importante nos tornarmos o capitão do nosso próprio barco. Da perspectiva da atenção, isso significa ser capaz de continuamente reorientar seu foco do que é importante para a pessoa que você é no seu intímo, para os detalhes que se apresentam para você (emocionais e outros) momento a momento, assim como quais opções ambos podem oferecer. E como isso é provavelmente uma tarefa insuperável, fundamental ao processo é aprender a priorizar.

Recentemente, um bom amigo e grande mestre de Kung Fu, Jianye Jiang, que se encontra no Hall da Fama, contou-me: "Sinto-me realmente bem hoje; acho que treinarei mais artes marciais. Contudo, ontem, não, então parei meu treino mais cedo". Ele anuncia cada palavra como se fosse chinês e projeta cada linha vagarosamente como se fosse uma postura de Tai Chi. "Digo para os alunos a todo momento" - ele explicou - "vocês precisam saber quando diminuir e quando podem fazer mais."

Do nosso jeito, vocês (os leitores deste livro) e eu, já sabemos e praticamos, até certo ponto, a lição de Jianye Jiang. Entretanto, o que Jianye sugere é fazer dessa prática um treinamento diário. Eu coloquei sua sabedoria em ação, naquele dia, quando fui para casa. O dia que ele a compartilhou comigo. Para minha alegria, essa lição aliviou significativamente meu fardo e me fez sentir mais no controle e melhor em todos os sentidos.

Trata-se apenas de uma pequena lição, mas eu lhe encorajo a experimentar a sabedoria simples, porém reconfortante de Jianye em si mesma – mesmo que seja por apenas um dia. Você descobrirá que quanto mais conscientemente colocar sua atenção em como está se sentindo e suas opções de como empregar essa informação para completar tarefas e alcançar metas, mais será capaz de organizar, planejar e concluir tarefas – e ainda sentir-se bem no final do seu dia.

Entretanto, onde entra a inteligência emocional quando há uma mudança para pior? Eu me surpreendi ao ouvir Mayer insistir que mau humor e mudanças de humor podem ser úteis – isso foi exatamente o tipo de surpresa que esperava que ele abordasse. Tudo consiste em como você escolhe empregar a informação quente. Você pode falar para si: "Estou de mau humor" e então empregar sua emoção inteligentemente. Você poderá fazer isso permitindo que sua emoção lhe encaminhe para uma direção funcional. Ouvindo as emoções do seu corpo da mesma maneira com que você escuta suas ondas elétricas e sua química, você poderá prestar a atenção para identificar padrões despertados por emoções específicas – até mesmo as negativas – e descobrir para onde esses padrões conduzem.

Mayer explicou: "Você pode vir a descobrir que mau humor, por causa da raiva, não lhe impulsiona a escrever criativamente, mas funciona bem para trabalho analítico porque esses humores fazem você ser mais crítico. Então, não escreverá quando estiver nervoso, mas em vez disso, poderá criticar seu trabalho ou realizar uma pesquisa analítica e crítica para utilizar em um futuro manuscrito".

Quando pensei a respeito disso, percebi quanta energia e foco crítico realmente extraio de humores ansiosos. Mayer tinha acertado em cheio o provérbio. Uma vez consciente do uso dessa emoção, você pode optar por usá-la construtivamente, mesmo nos dias de sentimentos negativos.

Um dia, após nossa discussão, fui tomado por um sentimento de tristeza. Busquei opções de como poderia empregar meus sentimentos construtivamente. Começei com a ideia de que tristeza me desanima. Isso me fez pensar que não seria o dia para iniciar um novo capítulo no manuscrito que estava escrevendo. Normalmente, demando muita energia para poder dar um salto de criatividade. Entretanto, pensei, em geral, encontro-me muito ocupado ou cheio de energia para buscar aquele detalhe extra que é difícil de ser encontrado, como uma agulha no palheiro, nem sempre estou ansioso para procurá-lo. Então, tentei intensamente na tristeza. Para minha surpresa, a tristeza não só me relaxou durante essa atividade, mas funcionou para tirar minha mente do que estava me incomodando no começo. Agora compreendo que meu sistema endócrino havia entrado em ação também, recompensando-me com uma luxuosa cascata de dopamina. Então, quando encontrei o que buscava, o hormônio cerebral recompensou-me novamente. E, quando mais tarde inseri minha recente descoberta em meu manuscrito, o hormônio cerebral recompensou-me novamente. O efeito foi sinergético: quanto mais descobria, mais meu cérebro me recompensava, mais recompensas recebia, melhor me sentia, o que resultou na busca por mais pesquisas novas, mais recompensas, que resultou na melhora global da minha escrita, e assim por diante. Resumindo: colocar sua atenção na inteligência emocional funciona. Associar seus humores à tarefa certa pode aumentar sua capacidade de realizar trabalhos específicos, ativar seu sistema de recompensas e finalmente alterar sua mente para um humor mais feliz.

Usar suas emoções dessa maneira envolve uma mudança de sua atenção de sentir uma emoção e ser dominado por ela, para identificá-la e revisar quais são suas opções em mantê-la ou ou deixá-la partir.

Inteligência emocional é ser capaz de alterar sua atenção para falar: "Eu serei crítico hoje e aplicarei meu mau humor para algo que seja produtivo" ou "senti-me bem hoje e então interagirei com as pessoas". Chamo isso de emprego adaptativo.

UMA ESPIRAL DEPRESSIVA E UM MAR DE ROSAS

Uma vez que sua atenção se liga a um pedaço de informação quente, ela tende a ir atrás de outras informações quentes que contêm as mesmas gradações emocionais ou sentimentos. Essa progressão é chamada *congruência emocional.* Ela ocorre quando você sente certa emoção e sua mente imediatamente corre para eventos do seu passado que provocaram a mesma emoção. Por exemplo, você está com medo, então começam a surgir subitamente em sua mente situações amedrontadoras do seu passado, renunciando a momentos mais felizes. Inversamente, quando você está feliz e nas nuvens porque, digamos, acaba de receber uma grande promoção no trabalho, eventos negativos normalmente não começam a surgir em sua mente.

Cientificamente falando, a congruência emocional de certa forma explica por que pessoas felizes aparentemente surfam em ondas de alegria e indivíduos infelizes entram em uma espiral descendente. Esses humores depressivos podem contaminar sua atenção. Por exemplo, alguém pode se virar para você com uma expressão totalmente neutra enquanto você está falando, e se suas emoções estiverem negativamente carregadas, você pode interpretar essa atitude de forma negativa.

Adicionalmente, pessoas depressivas empregam com frequência outros pensamentos depressivos para tirar de suas mentes qualquer coisa que realmente as esteja incomodando. Psicólogos chamam isso de *desabamento rápido.* De acordo com Goleman: "Pessoas têm o que equivale a um conjunto de pensamentos ruins que veem à mente mais facilmente quando estão deprimidas".[10] É como uma lista dos dez mais que aparece automaticamente e oferece alívio na forma de distração. Além disso, é mais difícil anular esse redemoinho de mau humor, uma vez que ele começa a se mover. Quanto mais você usa distrações negativas para alterar o foco, mais negativo você se torna, e mais é atraído para a negatividade – energizando ainda mais o mergulho.

Um desabamento rápido pode roubar seu foco. Assim como atolar os pneus na lama, é fácil ficar preso em um ciclo de emoções negativas. Recente artigo da revista *New York Times* relata que o perigo nesses ciclos é que uma tristeza prolongada pode prejudicar sua habilidade de pensar, ressaltando que certa região do cérebro torna-se "mais ativa durante uma tristeza habitual, mas desliga-se em pessoas em depressão clínica".[11] Alguns pesquisadores acreditam que essa região do cérebro pode literalmente se apagar se for negligenciada.

Há pouco tempo, tive de ser submetido a uma cirurgia laparoscópica. Para ser aceito no hospital onde minha cirurgia seria realizada, tive de passar por uma bateria de exames de "rotina". Embora eles sejam comuns na maioria dos hospitais, qualquer pessoa que tenha se submetido a esses exames sabe que eles são tudo menos rotineiros. Um dos exames era um ECG (eletrocardiograma). Alguns dias antes da minha cirurgia – que, por sinal, eu estava pensando em fazer há aproximadamente dois anos – recebi uma ligação do hospital que afirmava que o resultado do meu ECG pré-operatório exibia pequena anomalia, então a autorização para minha operação estava sendo negada. Para recuperar o tempo perdido, eu deveria ir para um cardiologista para realizar exames adicionais, outro eletrocardiograma e um sofisticado ultrassom tridimensional do meu coração.

Como uma folha no meio de uma tempestade, minha mente rodopiou rapidamente através do meu histórico familiar, que, em se tratando de problemas cardíacos, não era bom. Minha mãe faleceu aos 53 anos de um ataque cardíaco repentino e meu pai também teve problemas cardíacos. Então, você pode imaginar a confusão na minha mente.

Falei para a enfermeira, responsável pela pré-admissão no hospital, que eu tinha corrido 16 km justamente um dia antes de ter recebido a notícia, que eu vinha correndo 8 km por dia durante a maior parte da minha vida, e que praticava e dava aulas de artes marciais avidamente. Além disso, cuidava da minha dieta desde os meus 25 anos. Então, como isso era possível? Isso não fazia sentido.

"Escute, se você corre 16 km" - ela respondeu - "acho que você provavelmente já saberia se tivesse um problema cardíaco. A anomalia no eletrocardiograma foi provavelmente por causa de outro fator que não é de grande preocupação. Você ficará bem. Você passará nos exames amanhã com louvor." Então, para me animar ela apostou 100 dólares comigo, o que logicamente fez me rir.

"O que é uma anomalia?" - perguntei.

"Trata-se de uma irregularidade" - ela explicou. "Muitas coisas podem provocar uma. O coração é um músculo engraçado" - ela respondeu e repetiu que eu ficaria bem. Eu podia ver que ela não queria que eu criasse problemas onde ela realmente acreditava que não havia nenhum.

Minha mente, porém, estava procurando problemas, então perguntei novamente a respeito da anomalia. Dessa vez ela falou que poderia ser provocada por um "bloqueio". Isso era tudo o que eu precisava ouvir. Agora, semelhantemente aos clientes de Ohman, com fobia de animais, escolhi me concentrar no alvo dos meus temores. Meu desabamento rápido tinha começado. Consegui o que estava procurando – um grande problema para me preocupar, para me distrair dos meus temores em relação a eminente cirurgia. E fiquei preocupado.

Afastei-me da convicção da enfermeira, que, por sinal, foi compartilhada pelo meu médico. E esses, é claro, eram os detalhes que poderiam ter desviado um pouco da intensidade do dia. Contudo, agora, rememorando, compreendo como nossos cérebros são programados para apegar-se a essas negatividades se permitirmos. E saber disso tem me ajudado a compreender e tolerar melhor minhas espirais depressivas e as dos outros. Ajudou-me a identificar quando meu cérebro está comparando humores para intervir apropriadamente. Também tem me ajudado a reagir melhor às pessoas ao meu redor quando elas caem na mesma areia movediça.

Lembro-me de ter repetido para mim mesmo várias vezes para não seguir meus temores em relação ao eletrocardiograma, mas sem sucesso. Naquela noite minha filha, Isabella, pediu que eu a abraçasse e a carregasse para cama. Fazendo corpo mole, ainda envolvido no dilema em relação ao eletrocardiograma, tomei uma decisão executiva. Forcei-me a cancelar o sentimento de voltar-me para dentro e, ao invés disso, aproveitei-me da boa distração oferecida pela Isabella. Abracei-a e vigorosamente a carreguei. Imediatamente me senti melhor.

Não é fácil sair de um mergulho depressivo quando você se encontra em um. Meu intímo não compreendia a cardiologia do meu problema médico; apenas desejava algo para me agarrar até que minha condição pudesse ser reavaliada. A enfermeira já havia me fornecido isso, falando-me que não acreditava que houvesse um perigo real; eu simplesmente não queria aceitar. Acreditar nela era como tentar alcançar um degrau em uma escada que aparenta estar fora do alcance, mas analisando minhas opções, atualmente sei que não precisava alcançar aquele degrau imediatamente. Finalmente, concedi-me um pouco de relaxamento e decidi olhar para os fatos novamente mais tarde, quando me sentisse um pouco melhor. A boa distração oferecida pela Isabella foi suficiente para focar minhas expectativas em um alvo melhor que meus temores ofereciam: o conselho fornecido pelo meu médico e pela enfermeira. Coloquei minha atenção lá e aguentei firme. Empreguei alguma meditação para me ajudar a acalmar. Fiel ao modelo de Mayer, considerei as opções do meu medo e me dei conta de que o temor não tinha sido desproposítado. De fato, o temor de um problema de saúde foi o que inicialmente me motivou na busca de uma cirurgia corretiva, mas agora meu medo estava atrapalhando. E vendo isso de maneira clara, optei por livrar-me dele. E isso me deu paz suficiente para atravessar a noite, e me manter receptivo para outras distrações positivas nas horas seguintes.

No dia seguinte, acordei mais descansado do que teria se não tivesse tentado reorientar minha atenção para coisas mais positivas. E após uma bateria de exames naquela manhã, o cardiologista me contou que a anomalia no meu eletrocardiograma foi na verdade um erro e que tudo estava normal. Essa lição não removerá, do meu futuro, todos meus humores depressivos, mas afetará a maneira com que abordarei muitos deles e a influência que eles terão sobre mim.

Todo mundo está programado para congruência emocional. Assim, a tendência de seu cérebro para associações pode ajudar a explicar por que, quando você está feliz, parece que você sente como se estivesse visualizando o mundo de maneira indevidamente otimista, e quando se encontra triste você consegue encontrar mais coisas para sentir-se triste a respeito.

John Mayer entusiasticamente recomenda: "Não invista excessivamente em determinadas perspectivas. Diga a si mesmo que essas coisas podem e vão mudar. Pense: ficarei deprimido por um dia ou até mesmo uma semana. Depois diga a si mesmo que mais tarde, você analisará novamente as coisas.

Memórias emocionais

Você se lembra onde estava quando deu seu primeiro beijo? Ou talvez os detalhes de determinado acidente de carro ou acidente esportivo? Ou o que você estava fazendo quando ouviu pela primeira vez a respeito do ataque terrorista de 11 de setembro? Ou os detalhes do momento exato de uma de suas maiores conquistas da vida? Pesquisas demonstram que a maioria das pessoas respondem afirmativamente a essas questões e podem recordar desses momentos com abundância de detalhes e nitidez. O motivo por trás disso é que eventos emocionais afetam intensamente seu banco de memória. Além do mais, essas memórias afetam continuamente o tom emocional da sua mente, e tingem o modo com que você participa da sua vida do dia a dia.

Saber algo sobre a maneira como você processa essas memórias pode ajudá-lo a empregá-las em seu benefício. Cientistas afirmam que há quatro tipos de memórias que podem estar associadas às suas emoções.

A primeira é a *memória declarativa.* Trata-se de uma mémoria que pode ser verbalmente reconhecida, que significa que, se você precisasse, poderia colocar em palavras os detalhes da experiência para si mesmo ou para outra pessoa. Capturada pelo neocórtex, a memória declarativa é um reservatório para informação declarativa. Assim, esse tipo de informação requer aprendizado e consciência atenta; por exemplo, você toca em um fogão quente, queima-se e aprende a não tocá-lo novamente. A memória declarativa permite que você veja em detalhes os assuntos de sua atenção;

por exemplo, você vê uma *yellow jacket** como uma vespa, e não como uma mosca doméstica ou uma mariposa. A memória declarativa pode evocar uma imagem do tamanho da vespa, suas várias colorações pretas e amarelas, as marcas exatas em suas asas, formato dos olhos, seus rápidos padrões de voos laterais, e assim por diante.

O oposto da mémoria declarativa é a *memória de conduta ou memória implícita,* que é essencialmente automatizada. Memórias de conduta se iniciam automaticamente – a fórmula para colocar palavras em ordem alfabética, comer com garfo e faca, andar de bicicleta, ou até mesmo hábitos como sair de um quarto ou xingar quando uma discussão torna-se acalorada ou reagir intensamente a alguém que lhe dá uma fechada na estrada. Algumas memórias de conduta, como mostrar para alguém o dedo do meio, carregam imensa carga emocional, contudo, são completamente inconscientes e evidentes somente nas suas ações bem como por reflexo. Nesses casos, seu cérebro não decora apenas uma "tarefa" e a executa, mas em vez disso, em combinação com suas reações primitivas de luta ou fuga, realiza um julgamento processual do seu valor e depois rapidamente a executa sem ao menos consultar você. Lembre-se: alguns procedimentos emergem tão velozmente, que aparentam ser inconscientes, embora não sejam. Memórias implícitas não são o que o Freud chamava de *memórias reprimidas* (experiências traumáticas inconscientemente retidas). Elas são virtualmente automatizadas.

O próximo local de armazenagem de eventos emocionais do seu cérebro é conhecido como *memória emocional,* às vezes chamada de *memória baseada no medo.* Então, novamente, ligada a seu mecanismo de lutar-ou-fugir, a memória emocional é vaga em vez de rígida. Nesse local de armazenamento, uma mosca do tipo *yellow jacket* é indistinguível de uma mosca doméstica ou mesmo de um pedaço de tecido que está flutuando. Os poderosos e intensos efeitos do transtorno de estresse pós-traumático (ou TEPT) podem em parte ser explicados por um mecanismo chamado "informação suja". Steven Johnson escreveu em seu livro *Mind open wide*

* Nome comum na América do Norte para predatórios de vespas do gênero Vespula e Dolichovespula. (N.T.)

(Mente escancarada): "A amígdala de um veterano de guerra do Vietnã pode ouvir um rifle AK-47 toda vez que escutar um estrondo resultante da explosão de combustível ou de gases do escapamento de um caminhão, e toda tempestade de raios será um bombardeio. Se a amígdala pudesse ser treinada para discernir melhor, esses *flashbacks* não ocorreriam. A precaução, porém, prevalece na ausência do discernimento".[12]

Assim como em quase todos os outros aspectos da atenção humana, há uma vantagem e uma desvantagem para essa tendência do cérebro. Funcionalmente falando, a ausência de discriminação da amígdala para os detalhes mais refinados e amplos pode ser vista como uma vantagem. É, de fato, o que ajuda uma pessoa a identificar todas as vespas, as moscas negras, as abelhas e os insetos semelhantes como ameaças. A ausência de discriminação da amígdala sinaliza ao praticante de artes marciais para afastar-se de um soco independentemente de ele estar vindo em sua direção da direita ou da esquerda, ou se ele é em forma de um gancho ou direto. É o que lhe ajuda a identificar uma situação ou um ambiente em que você ingressou como arriscados ou seguros. Às vezes, porém, a indistinta informação emocional da amígdala pode lhe prejudicar, contaminando sua capacidade de prestar atenção apropriadamente. Por exemplo, você pode interpertar a expressão do olhar de um colega de trabalho como zombaria em vez de atencioso, levando em consideração algo que você acabou de falar, o som da voz de um amante como hostil em vez de alegremente animado, ou as expressões faciais de um adversário como cordiais e afetuosas, quando na realidade elas são: manipuladoras. Acrescente seu estado de humor e química, e essas experiências podem vigorosamente inflamar procedimentos automáticos que você armazenou na memória e determinar sua próxima sequência de ações em uma velocidade relâmpago.

O quarto tipo de armazenamento de memória ligado a experiências emocionais é conhecido como *memória cintilante,* que são na maioria das vezes aquelas associadas com incidentes intensamente emocionais e traumáticos. Memórias cintilantes são particularmente nítidas e cristalinas e incluem não só a ameaça imediata, mas aparentemente também detalhes isolados. Por exemplo, você deve se lembrar o que aparentemente seriam detalhes secundários, como o quão luminoso ou escuro o céu estava durante determinada experiência, o quão fresco ou morno estava o ar, determinadas fragâncias, sons, e assim por diante – todos em uma qualidade fotográfica de alta resolução. Consequentemente, seu cérebro pode armazenar imagens de incidentes traumáticos em detalhes gráficos, enquanto também vê, ouve e cheira grande quantidade de informação periférica.

Entretanto, tome nota: Memórias cintilantes podem enganá-lo. O doutor James V. Wertch, professor de Psicologia e autor do livro *Vozes de lembranças coletivas,* explica por que você pode se lembrar dos detalhes de um incidente de uma maneira, logo depois de sua ocorrência, e de outro modo, posteriormente. Frequentemente memórias cintilantes não são da experiência em si, "mas o modo que posteriormente repetimos o evento. Muitas das histórias foram inventadas; não durante o evento, mas durante a recontagem... ela parece crescer e evoluir".[13]

O ataque terrorista de 11 de setembro é uma história poderosa para a maioria dos norte-americanos. E quanto a mim, minha exposição inicial ao evento aconteceu por meio de uma transmissão matinal da televisão. Lembro-me de ver imagens do ataque e depois apressando-me para descrevê-lo para minha esposa. Naquele momento, minha memória estava razoavelmente precisa. Contudo, atualmente, quando tento rememorar as cenas que originalmente testemunhei, não tenho mais certeza quanto à sua precisão. Isso acontece porque, desde então, vi dezenas de transmissões exibindo muitas imagens distintas do ataque, de incontáveis ângulos e vezes, assim como discuti essas imagens com vários indivíduos com muitos propósitos distintos. Minha memória da tragédia, embora ainda nítida, está atualmente mais próxima de uma foto composta de todas essas imagens e discussões, em vez daquela que primeiramente testemunhei em 11 de setembro de 2001.

Além disso, detalhes divergentes de eventos emocionalmente impactantes podem não ser significativos na hora, mas, mesmo assim, são armazenados, e uma vez guardados em sua memória, eles podem desencadear a mesma resposta emocional meses, até mesmo anos depois.

Por isso é que o aroma de certa côlonia ou perfume, ou o tom da luz solar se derramando através das venezianas de certa maneira, em certo quarto, as cores brilhantes das folhas de outono em determinada

rua, ou certa canção no rádio do seu carro podem enviar sua atenção ao cerne do incidente que você vivenciou há anos.

Você não pode fazer nada além de sentir e vivenciar essas experiências novamente. Pesquisas indicam que esses detalhes secundários podem continuar a pressionar os seus botões de atenção para o resto de sua vida.

Curiosamente, a maneira com que seu cérebro está programado sugere que a natureza aparentemente não se importa se suas memórias emocionais são precisas em 90% ou 10% do tempo. Conectada aos seus mais nítidos instintos de sobrevivência, a vez que você estiver certo pode, de fato, gerar a resposta exata, veloz e salvadora de vida de que você necessita. Não é surpreendente que experiências altamente traumáticas possam continuar a abrir caminhos cada vez mais profundos no seu cérebro toda vez que você se lembrar delas – orquestrando uma cascata de substâncias químicas que se assemelham àquelas liberadas quando você passou por essa experiência pela primeira vez.

Portanto, deveríamos pensar duas vezes, quando vamos para casa e nos voltamos para um *replay* automático dos eventos do dia. Se, por exemplo, você tiver tido um dia intensamente emocional no escritório – adrenalina e cortisol sendo bombeados pela sua corrente sanguínea durante o dia inteiro – quando você mais tarde, à noite, reexecutar os detalhes pela milionésima vez, as respostas automáticas do seu corpo se intensificarão a cada repetição. Isso significa que toda vez que você imaginar a cena dramática, quanto mais profundamente armazená-la na sua memória – com a injeção de adrenalina e todo o resto – e quanto mais automática você tornar sua reação inicial, o mais rápido e eficientemente você a repetirá da próxima vez. Lembre-se, a aptidão do cérebro para congruência emocional pode então associar seus humores com memórias equivalentes. Essa tendência do cérebro pode fazer que rapidamente toda sua vida se assemelhe a um pesadelo. Permanecendo como um *cookie* digital no seu campo de atenção, essas memórias competem pela sua concentração e podem prejudicá-lo, vindo à tona em momentos não apropriados e impulsionando reações em frações de segundos que podem não ser do seu melhor interesse.

Como uma nota de rodapé, foi amplamente documentado pela comunidade científica que referidas memórias podem ter influência significativa na ausência de motivação e na desatenção em uma criança e se justapõem com sintomas que alguns médicos querem somente associar com transtorno de déficit de atenção (*Attention Deficit Hyperactivity Disorder* – ADHD).

Todavia, não há uma panaceia ou um elixir mágico. A despeito de tudo que pudemos aprender ou quão inteligente nos tornamos, ainda não é fácil acionar seu botão de pausa da atenção, por assim dizer, toda vez que quiser evitar comportamentos compulsivos ou fobias. Em um nível pessoal, toda vez que alguém me olha de um jeito torto, eu me torno – até hoje – suscetível de ser sugado para um tempo em que o olhar de desgosto de alguém poderia me ter forçado a reagir de maneira que eu preferia não tê-lo feito.

Contudo, ninguém está lhe dizendo que você deve ignorar completamente os instintos básicos. No final das contas, por assim dizer, esse tipo de memória pode salvar sua vida, mas lembrar a si mesmo tanto da sua precisão quanto da sua ausência de discernimento podem ajudá-lo a se concentrar nas suas melhores opções em cada situação.

Independentemente de você ser pai, atleta, aluno, policial, político, eleitor, jurado, artista, executivo, ou executiva, o ato de reiteradamente colocar sua atenção nesses padrões mentais o ajudará a aperfeiçoar o controle sobre eles. E uma maneira de conseguir isso é aprendendo a ser mais atento a eles à medida que eles ocorrem.

A arte do desapego

As artes marciais ensinam o desapego como mais uma maneira de ajudálo a inventariar (escutar) o que está ocorrendo em seu interior e exterior. E esse inventário pode aperfeiçoar suas avaliações apressadas do mundo.

"Desapego" - insistiu meu *sensei* – "é uma arte em si." Sua tarefa, era esvaziar sua mente e abrir seu foco, independentemente de você estar ou não sobre os tatames. Seu mantra era deixe-se levar com a corrente "haja o que houver". Isso, de acordo com ele, manteria sua mente livre e espontânea. Permitiria que você mudasse de momento a momento com tudo ao seu redor, que ele afirmava também estar constantemente mudando.

No treinamento das artes marciais a chave é abrir seu foco e manter vigilância serena e constante. Isso lhe fornece a oportunidade de inventariar seus ambientes internos e externos, assim como seu adversário.

O fato é que quanto mais você pratica entrar nesse estado mental, mais automático se tornará o procedimento.

O autor e integrante do Hall da Fama de artes marciais, Joe Hyams, escreveu em seu livro *Zen in the martial arts* (Zen nas Artes Marciais): "Entre os melhores praticantes de artes marciais só há espaço para um erro. Antes de trocarem golpes, vários minutos podem ser gastos em uma ansiedade contida e planejamento enquanto cada homem respeitosamente observa seu adversário, estudando seu posicionamento e sua postura, atento, tendo ideias e carregando sua energia. Quando um homem pensa que atacará, seu adversário poderá alterar sua postura. Se ele reagiu muito emocionalmente, seu oponente percebe. Essa é uma fraqueza da qual ele posteriormente se aproveitará".[14]

"Os grandes mestres" - meu *sensei* costumava explicar - "prestam tanta atenção às pausas em que considerações estratégicas são feitas quanto aos momentos de ação intensa."

Se você praticar fazer uma pausa para inventariar até em plena ação, o procedimento, no devido tempo, torna-se automático a tal ponto que se torna tão rápido que é virtualmente instantâneo.

Independentemente de você se encontrar nos tatames ou no meio de rotinas diárias, o tempo livre pode ser mais importante que o tempo "não livre". Você aprende a considerar atentamente todas as informações relevantes de suas metas e então estrategicamente elaborar o melhor plano para levá-lo aonde deseja ir – sendo flexível o suficiente, obviamente, para recalcular e reconsiderar as estratégias durante o processo.

Ser ou não ser

Psicólogos empregam o termo *autoconsciência* para definir sua habilidade de ouvir atentamente e ajustar seus sentimentos, suas memórias e seus hormônios corporais à medida que você flui de um momento da vida ao outro. Essa sincronização torna-se possível por meio de sua capacidade de alternar sua atenção entre as diferentes metas internas, assim como de certo interesse externo para outro. A autoconsciência é vital para um bom processo decisório – grande ou pequeno – e, no final das contas, para ter uma vida livre e autêntica.

Já em 1912, Sigmund Freud fez a ligação entre autoconsciência e atenção, definindo a autoconsciência como "uma atenção uniforme que paira", que corre constantemente ao lado de qualquer coisa que você esteja vivenciando, de acordo com o momento.[15] Segundo Freud, esse aspecto de atenção, que depende da habilidade de desapegar-se, tem a capacidade de se manter neutro e objetivo até mesmo no meio de emoções turbulentas.

Talvez devendo muito a Freud, os cientistas atuais definem a autoconsciência como sua habilidade de monitorar o que está ocorrendo com você tanto *de maneira exógena* (externamente) quanto *endógena* (internamente), sem julgamento e sem censura. Desse modo, a autoconsciência não é afetada pela emoção.

Durante milênios, as artes marciais vêm afirmando que autoconsciência é ocasionada pela sua habilidade de desapegar-se e é amplificada por meio da geração de níveis mais elevados de vigilância e objetividade. Quando está distraído, de acordo com as artes marciais, você deve respirar – profundamente. Uma respiração profunda esvazia sua mente e energiza seu foco. É parecido com ajustar seu roteador de Internet e imediatamente reforçar seu sinal de *wireless* de muito baixo para excelente. Como consequência, de acordo com os ensinamentos das artes marciais, você pode prestar mais atenção às alterações periféricas de sua mente e de seu corpo e coordená-los melhor com a execução de ações. No treinamento das artes marciais, a autoconsciência é de suma importância.

O que acontece quando incapacitamos essa ligação essencial? Ou quando uma pessoa é incapaz de se desapegar?

O neurologista Antonio Damasio, da Universidade de Columbia dá uma nova luz em relação a essa questão. Ao trabalhar com anosognósicos, (indivíduos que apresentam lesões nos centros emocionais), as pesquisas de Damasio vêm demonstrando ao longo dos anos o que pode ocorrer quando uma pessoa se desapega emocionalmente. Não é surpreendente, observou Damasio, que os anosognósicos sejam profundamente debilitados para planejar seu futuro e para tomar decisões. Desse modo, eles são menos aptos a prever consequências terríveis de experiências ou ações ou sofrer quando eles conseguem realizar essas previsões. Eles também são incapazes de razoavelmente compreender o que está acontecendo com eles, o que poderá lhes acontecer no futuro, ou até mesmo como os outros os veem. Além disso, sua incapacidade de se ligar corretamente a suas emoções os deixam inconscientes dessas inadequações, conferindo-lhes às vezes uma alegria ilusória ou uma indiferença à situação em que se encontram; por exemplo, alguém que perde o emprego ou é diagnósticado com câncer e continua se comportando como se nada tivesse acontecido.[16] Importante para a pesquisa de atenção, o trabalho de Damasio pode ajudar a explicar neurologicamente a conexão entre viver em um vácuo emocional e o comportamento impróprio. Demonstra que, quando estamos desconectados de nossas emoções, nós nos tornamos mais suscetíveis a decisões, ações e comportamentos inadequados. Perdemos contato com nosso eu mais íntimo. De fato, há uma profusão de pesquisas que mostram que descartar as emoções não fará você se sentir melhor; isso terá um efeito reverso. Como um bumerangue, essas emoções podem voltar para você com mais intensidade. Inversamente, desabilitar um bloqueio emocional e permitir que você sinta suas emoções, mesmo que escolha esvaziá-las de sua mente mais tarde, vai ajudá-lo a realizar previsões, associar o que está ocorrendo em seu interior e exterior, visualizar mais opções e ser mais proativo.

Manter-se conectado faz todo o sentido do ponto de vista da atenção. É vital. Emoções ajudam você a se conhecer. Ajudam-lhe a aprender. Elas lhe guiam em direção a ações que são boas para você e a suas aspirações e lhe afastam daquelas que não são.

Novamente, a autoconsciência é fundamental para esse processamento porque ela é o centro do que conecta e coordena todas as vozes, inventariando dentro de si, fornecendo-lhe relatos em tempo real, não só de quem você é, mas do que deseja de uma situação específica, por que deseja isso e como associar isso com as exigências do seu ambiente. A autoconsciência ajuda você a prever o sucesso ou o fracasso de pensamentos, sentimentos e comportamentos específicos. Ajudando-lhe a alcançar seu potencial, a autoconsciência é sem sombra de dúvida uma de suas habilidades mais essenciais para uma boa tomada de decisões e controle comportamental.

A camiseta amarela em um concerto gótico

Imagine isto: Você está a caminho de casa após o trabalho. Você já usou essa mesma rota para casa tantas vezes que raramente pensa nela, apenas liga seu carro ou entra no mesmo ônibus ou metrô. Um dia, no entanto, você necessita fazer uma parada excepcional que exigirá um caminho um pouco diferente; então, em vez de fazer isso, casualmente você se flagra indo para casa pelo caminho antigo. O motivo pelo qual a maioria de nós faz coisas assim está associado com a tendência do cérebro de criar comportamentos reflexivos, que podem, às vezes, ser muito funcionais e, em outros momentos, não.

Apresento-lhes o doutor Wythe Whiting das Universidades de Washington e Lee. Whiting é professor adjunto de Estatística, Cognição e Psicologia Evolucionária. Ele realizou amplas pesquisas sobre memória e atenção, particularmente a respeito das mudanças que têm como consequência o habitual processo de envelhecimento. Meus interesses em comportamentos reflexivos, suas ligações com emoções, e como elas influenciam sua atenção, assim como se elas podem ser aproveitadas para impulsionar a concentração (foco) e a tomada de decisões, foram o que me conduziram para as pesquisas de Whiting.

Whiting insiste que o poder do cérebro para procurar e detectar itens em qualquer ambiente é uma função do processamento de dois tipos de informações: *de cima para baixo e de baixo para cima.*[17]

Por definição, o processamento de cima para baixo baseia-se em conhecimentos, expectativas e planos de ações prévios. Ele é capaz de presumir coisas a respeito do assunto de sua atenção, além da informação contida no sujeito em si. E é capaz de influenciar a coleta de dados pelo seu cérebro.

É divertido conversar com o doutor Whiting. Ele é animado, contudo, muda de um pensamento para outro de maneira leve e meticulosa. Ele é sadio e positivo. E possui uma aptidão de associar grande quantidade de pesquisas e instantaneamente relacioná-las com situações diárias.

Quando lhe perguntei a respeito do processamento de cima para baixo, ele me forneceu vários exemplos. Digamos que você esteja em um concerto gótico, ele explicou, e todos estão vestidos de preto, e você está procurando um amigo que está usando uma camiseta amarela. Saber que você está atrás de alguém com uma camiseta amarela pode ajudá-lo a localizar seu amigo mais rapidamente. Ou talvez você esteja procurando por um papel rosa em uma mesa repleta de papéis brancos. Ter o prévio conhecimento de que o papel que você procura é rosa pode lhe ajudar a encontrá-lo mais rapidamente.[18]

Isto fez que eu pensasse na minha biblioteca caseira. Como a maioria das minhas estantes de livros frequentemente está desordenada, tornei-me um *expert* em localizar livros pelas suas cores, um exemplo de processamento de cima para baixo: apenas busco pelo livro que sei que possui uma capa vermelha e azul, e, mais com mais frequência que não, encontro-o com relativa facilidade.

Então, referências de cima para baixo vão para certos indicadores. Contudo, Whiting adverte, digamos que você esteja procurando por algo azul e outros azuis surgem; os outros azuis tornaram-se uma distração. De fato, nesse cenário, tudo o que for azul pode chamar sua atenção e distraí-lo. Então, se eu estiver procurando por um livro com capa azul, uma caneca azul de café que deixei em uma das prateleiras é capaz de desviar a atenção da minha busca, assim como a caneta azul, o cartão postal azul e a bebiba energética azul – para não mencionar todos os outros livros azuis. Consequentemente, o processamento de cima para baixo nem sempre facilita sua busca.

Considere a seguinte situação de identidade equivocada. Um dia na primavera passada, eu estava correndo por uma rua que passa ao lado da minha residência. Minha mulher havia saído com nossas duas filhas, ambas sentadas em um carrinho de dois lugares, para uma caminhada ao longo da mesma rua. Sabendo que elas não estavam em casa, tinha expectativa de dar de cara com elas. Em um momento, olhei para cima e vi, a certa distância, uma mulher empurrando um carrinho de dois lugares semelhante ao nosso. A mulher tinha a mesma cor de cabelo que minha esposa, e ela, assim como minha mulher, havia amarrado seu cabelo em um rabo de cavalo. No final das contas, e como você provavelmente já adivinhou, esse pequeno grupo não era minha família. O processamento de cima para baixo havia me enganado.

Pesquisas demonstram que a memória também pode ter uma função no processamento de cima para baixo. Imagine isto: você está dando ré no seu carro, tirando-o de uma vaga de estacionamento. Você negligencia olhar para trás e quase bate em um veículo que estava se aproximando. Alguns dias depois, você está saindo de ré de uma vaga de estacionamento semelhante. Dessa vez, você olha para trás antes de sair. Uma explicação possível para esse comportamento cuidadoso é que detalhes da prévia experiência alojaram-se em sua memória juntamente com a compreensão de que se você tivesse olhado para seu espelho retrovisor antes de dar ré, o incidente poderia ter sido evitado. Nesse caso, o processamento de cima para baixo cumpre sua promessa.

Há uma ilustração muito popular que demonstra o quanto o processamento de cima para baixo pode influenciar sua percepção. Nela está retratado um vaso no qual você pode ver vários golfinhos que parecem estar nadando aleatoriamente. Afetado pelo que já sabe, acredita e espera, você poderá ver algo diferente daquilo que outra pessoa vê quando olha pela primeira vez para as figuras em uma ilustração. Se, digamos, sua atenção for para outro detalhe da ilustração, talvez você nem veja os golfinhos. Em vez disso, você poderá ver dois adultos, um homem e uma mulher intimamente abraçados. Já foi relatado que crianças que ainda não vivenciaram a intimidade adulta quase sempre veem os golfinhos e deixam de ver os dois adultos abraçados – até mesmo quando lhes pedem para procurá-los.[19]

O processamento de cima para baixo é poderoso, ele não apenas ativa o modo como você coleta informação, mas pode também influenciar sua percepção, no fim das contas.

O processamento de baixo para cima é o outro tipo de processamento de informação, também com poderoso significado de alteração. Funciona como sugere seu nome – de baixo para cima. É o que ocorre quando você está no meio de uma reunião e as luzes inesperadamente se apagam, e onde quer que sua atenção estivesse, de repente não está mais. Whiting explica, nesse instante, sua atenção se move de um local para outro como se você não tivesse nenhuma escolha.

O processamento de baixo para cima permite o surgimento de interpretações das informações que você está inventariando (interna ou externamente) em vez de esquemas (planos) e expectativas já presentes em sua memória. A palavra em vigor é *emergir.*

No processamento de baixo para cima, a própria informação fornece sua orientação. Consequentemente, esse tipo de processamento é mais eficiente quando as características do alvo de sua atenção são distintas das caracteristicas dos "não alvos" – como um pneu preto em uma praia arenosa.[20] O processamento de baixo para cima ocorre quando você desloca sua atenção do *show* que está vendo na televisão para a interrupção da eletricidade. Diferentemente, o processamento de cima para baixo ocorre quando você liga um mapa de descobrimento mental para localizar itens-alvo, que não são tão obviamente distintos. Este processamento desempenha sua função, por exemplo, assim que você se pergunta *por que* a eletricidade foi interrompida.

Analisando o mundo da ciência do cérebro por meio de um prisma evolucionário, Whiting afirma que a evolução não permite que guardemos coisas que não se mostrem funcionais. E isso, explica ele, é o caso dos processamentos de cima para baixo e de baixo para cima; em outras palavras, há uma hora e um lugar para ambos.

De maneira geral, nenhum dos tipos de processamento é melhor que o outro. Quando algo significativo que requer nossa imediata atenção ocorre em nosso ambiente, como o aparecimento de uma cobra venenosa na grama, devemos ser capazes de recorrer ao processamento de baixo para cima e permitir que o medo nos desvie do perigo. Por outro lado, você não pode fugir de tudo que se aproxima de você. E a informação de cima para baixo pode fornecer um plano para ajudá-lo a decidir o que é e o que não é perigoso – o que é um acidente prestes a ocorrer e o que não representa uma ameaça.

Em uma nota pessoal, recentemente encontrei-me prestes a finalizar uma nova pesquisa na qual estava trabalhando há algum tempo. Era final de tarde e o *campus* parecia deserto. Provavelmente, estava nos últimos momentos de meu projeto, antes que seu prazo se encerasse, sem muito tempo restante para finalizá-lo. Contudo, decidi sair por um momento do escritório para respirar um pouco de ar puro. Estava fora havia pouco tempo quando uma colega de repente apareceu e iniciou uma conversa. Ela tinha muito o que falar e a conversa estava progredindo. Talvez por tudo que eu havia escrito a respeito de atenção tenha sido engraçado que, no meio de um importante projeto de pesquisa, tenha sido tão facilmente distraído. Pude sentir a ativação do meu processamento de cima para baixo com a ativação dos meus preconceitos, identificando a conversa como uma interrupção e como algo impertinente. Comecei a buscar uma oportunidade de sair dela. Lembrei-me de uma conversa semelhante que minha colega e eu tivemos no começo daquele ano e fui ficando irritado. Então, outra coisa ocorreu – mais uma vez, provavelmente incentivado pelas minhas recentes pesquisas com atenção. Sabia que reconhecer os padrões comportamentais que aumentavam de intensidade e apareciam na minha consciência não os faria desaparecer. Então, tentei uma experiência inofensiva, mesmo se fosse apenas para ver se eu conseguiria fazer meu mecanismo neural funcionar.

Comecei por meio de um desapego e tentei anular os preconceitos que estava sentindo. *Por que não?* Pensei. O pior que poderia acontecer é que perderia um pouco de tempo e teria de retomar meu trabalho no dia seguinte. Registrei o que estava ocorrendo no meu interior. Pude sentir a sutil sobrecarga de adrenalina, a contrariedade e as memórias que já havia começado a acumular. Disse a mim mesmo para falar não para o míssil teleguiado em que minha atenção havia se tornado, e em vez de permitir que ela me controlasse, por assim dizer, retrocedi, respirei, e reconheci o que queria da situação. O que eu realmente queria era me divertir e ver até aonde as coisas naturalmente iriam se eu apenas deixasse. Deixei minha atenção pairando tão objetivamente quanto pude. E então, sem nenhuma persuasão, minha colega forneceu uma informação que ironicamente colocaria o toque final no projeto de pesquisa que estava terminando. Tudo o que precisei foi pedir a ela que falasse apenas mais um pouco – o que, obviamente, ela fez com prazer. Curiosamente, a quantidade de tempo que gastamos para chegar nesse doce momento era nada comparado ao tempo que seu conselho me economizaria nas horas seguintes.

Minha pequena experiência ensinou-me que a distância entre os mundos dos processamentos de cima para baixo e de baixo para cima pode ser encurtada. Contudo, também me fez lembrar que você deve ter cuidado. Preconceitos de cima para baixo podem fechar portas para importantes oportunidades de vida. Você, entretanto, pode aprender a alternar entre os dois – o que, na minha pequena experiência, fez milagres.

O condicionamento (Priming)*

Pense nisto: você entra no escritório de um colega e uma pasta executiva aleatoriamente colocada começa a influenciar a maneira como você vê o mundo. Ou você recebe uma caneta e é solicitado a preencher um questionário e, sem seu conhecimento, a caneta exerce uma influência sob seu comportamento, tornando-o mais agressivo, competitivo e até mesmo ganancioso. Parece ficção científica. Bem, já é bastante conhecido que a maneira pela qual uma pessoa equipa seu escritório ou sua residência pode caracterizá-la. Todavia, novas pesquisas demonstram que esses itens também podem impulsionar sua atenção é até influenciar suas ações. Psicólogos chamam esse efeito de *condicionamento* (*priming*).

Por definição, o *priming* refere-se à ativação inconsciente de memórias ou partes de memórias exatamente antes da realização de uma tarefa. Um experimento clássico demonstra como isso funciona: Em um teste, geralmente solicita-se que os participantes leiam uma lista de palavras que contém um termo como, digamos, *gerente*. Mais tarde, é solicitado que eles completem a palavra *geren*. A lista à qual eles previamente prestaram atenção funciona como algo que induz e, consequentemente, influencia muitos indivíduos a responder com a palavra *gerente*.

O *condicionamento* também pode funcionar por meio de associação. De acordo com o doutor Tram Neill, você pode identificar, mais rapidamente, uma palavra como *enfermeira* de uma sequência de letras se você

* Quando a exposição a um estímulo influencia a resposta a um estímulo subsequente. (N. T.)

recentemente empregou ou respondeu a uma palavra como *médico*. Por outro lado, se você intencionalmente ignorou ou bloqueou um pedaço de informação, suas respostas subsequentes para informações semelhantes podem na verdade ser mais lentas ou menos precisas que seriam, caso fossem informações novas. Esse efeito é chamado de *condicionamento negativo*, (*negative priming*).[21]

"Praticamente tudo pode ser condicionado" - afirma o doutor John Bargh da Universidade de Yale. "Fale a palavra *biblioteca* e pessoas tendem a falar mais baixo. Coloque sobre sua mesa uma foto de uma pessoa amada e você comecará a comportar-se como se ela estivesse fisicamente com você."[22]

Bargh compara condicionamento a um estado hipnótico, no qual memórias, objetos, atitudes e palavras podem capturar sua atenção e, consequentemente, guiar seu comportamento. Por exemplo, em um estudo ele descobriu que, quando indivíduos (que tinham, quando mais jovens, o desejo de deixar suas mães orgulhosas) fossem solicitados a pensar em suas mães, eles eram capazes de se sair melhor que os outros em tarefas específicas.

É o suficiente para fazer você pensar duas vezes antes de colocar aquela nova pintura na sua parede ou uma espreguiçadeira em seu gabinete de trabalho, ou em quem você pensa antes de realizar uma tarefa importante.

Psicólogos afirmam que as pessoas podem até ser condicionadas a pensar sobre si mesmas como inteligentes ou não, e que essas associações podem levá-las ao sucesso ou ao fracasso. No seu livro, *Blink*, Malcolm Gladwell oferece um resumo de um teste realizado pelos psicólogos Claude Steel e Joshua Aronson. O teste contou com a participação de alunos universitários afro-americanos e 20 questões tiradas do *Graduate Record Examination*: "Quando foi solicitado que os alunos identificassem a raça em um questionário pré-teste, esse simples ato foi suficiente para condicioná-los com os estereótipos negativos associados ao desempenho acadêmico de afro-americanos – e o número de questões que eles acertaram caiu pela metade." Além disso, quando Aronson perguntou aos alunos que participaram do seu teste se eles achavam que algo tinha prejudicado seu desempenho, eles falaram que não. Quando indagados se os incomodava ser questionados a respeito de sua raça, falaram: "Não...você sabe, eu simplesmente não acho que sou suficientemente inteligente para estar aqui".[23]

Quão sutis podem se tornar os condicionamentos? Até mesmo pastas e canetas podem condicionar sua atenção e influenciar seu comportamento? Podem objetos do dia a dia realmente tornar uma pessoa mais agressiva, competitiva e gananciosa?

O psicólogo Christian Wheeler, professor e aluno homenageado na Universidade de Stanford, realizou inúmeros estudos nos quais ele expôs indivíduos a esses objetos para verificar quanta influência eles poderiam ter sobre as pessoas. Quando conversei com Wheeler, ele resumiu uma dessas experiências.

"Bem, então" - ele começou - "esta experiência foi desenvolvida para testar a ideia de que objetos no ambiente podem ativar associações mentais que podem influenciar nossas percepções e comportamento. O contexto da experiência é que falamos para as pessoas que elas participariam de um jogo com outro indivíduo; tratava-se de um jogo sobre finanças, e elas acreditaram que estavam em posição de receber algum dinheiro e propor uma divisão dessa quantia entre elas e a outra pessoa. E o jogo da pesquisa com a pasta executiva era um jogo padrão frequentemente empregado em economia."[24] Confiante e lúcido, o doutor Wheeler falou como se tivesse refletido sobre os detalhes da experiência diversas vezes, revisando sistematicamente cada estágio comigo. Foram experiências como essa que o fizeram ganhar o prêmio *Ormond Family Faculty Scholar 2008-2009* de Stanford, que enfatiza a realização acadêmica americana profunda, de fronteira.

"A ideia básica" - continuou Wheeler - "é que demos aos participantes 10 dólares e lhes dissemos: vocês podem propor qualquer divisão que quiserem desta quantia,: podem guardar todos estes 10 dólares para si, dar toda a quantia para outra pessoa, ou qualquer coisa no meio do caminho; o único porém é que, se a outra pessoa rejeitar sua oferta, nenhum de vocês ganhará nada."

"Então, se a pessoa for muito gananciosa, pode falar esqueça, e nenhum deles ganha nada."- eu disse.

"Correto" - afirmou o Wheeler. "Na realidade, nessa experiência não havia outra pessoa na outra sala, mas estávamos interessados simplesmente nas alocações que elas realizariam e em quão ganaciosas seriam na essência. O que manipulamos foram os objetos dentro da sala."

Então, em uma das condições, Wheeler retirou os questionários de dentro de uma pasta executiva preta e os participantes os completaram com uma caneta executiva prateada, e quando terminaram, eles os colocaram em um portfólio executivo preto (esta era a condição dos "objetos de negócios"). Em relação à outra condição aleatoriamente designada aos participantes, ele retirou os questionários de uma mochila preta e eles os completaram com um lápis número 2 e, quando terminaram, eles os colocaram em uma caixa de papelão.

"Esses objetos foram elaborados para ser neutros" - Wheeler explicou. "Então, a ideia era de que os objetos de negócios ativariam arquétipos mentais associados com o mundo dos negócios, e o relevante aqui seria a competição, e isso influenciaria as alocações que a pessoas fariam no jogo, e foi o que ocorreu. As pessoas guardaram mais do dinheiro para si na condição com os objetos de negócios que na condição com os objetos neutros.

Alguns comportamentos bem significativos impulsionados por objetos bem simples, eu pensei.

Wheeler animou-se como se ele estivesse prestes a revelar o segredo de como realizar um fascinante truque de mágica – pelo menos tecnicamente falando. Ele respirou e respondeu com ar de pouco caso (sugerindo que é simplesmente do jeito que é) , "Os participantes estão bem cientes dos objetos na sala. Se você lhes perguntar: 'Você notou uma pasta ou uma caneta?' eles dirão que sim. Entretanto, do que eles não estão cientes é de que esses objetos tenham alguma influência sob seus comportamentos, então, se você perguntar a eles por que realizaram suas alocações da maneira como fizeram, ninguém vai se referir aos objetos como um dos motivos. Se você lhes perguntar : "Você sabia que havia um número de objetos na sala que poderiam influenciar o comportamento das pessoas? – 'Aquele objeto teve alguma influência sobre suas alocações?' – todos dizem que não. **Então, nesse caso, eles têm consciência dos estímulos, mas não têm consciência de que os estímulos estão ativando construções**

mentais, nesta situação, de competividade, e que eles possuem qualquer influência nos seus julgamentos ou comportamentos."

Wheeler insiste que a questão do condicionamento é que "ele está ativando conteúdos e memórias mentais especifícas que podem moldar as coisas às quais você presta atenção, assim como a maneira como você interpreta as coisas". Além disso, as influências do condicionamento podem perdurar por um tempo após sua exposição inicial. Wheeler citou outra parte da sua pesquisa sobre objetos de negócios, em que as pessoas leram a respeito de um cenário ambíguo, contudo, perceberam o cenário como mais competitivo se eles já tivessem visto os objetos de negócios.

De fato, somos muito mais suscetíveis aos efeitos de condicionamento do que suspeitamos. O fato é, afirma Wheeler, que essas influências "podem conduzir a direção de nossa intenção e moldar (ajustar) os tipos de ações às quais nos dedicamos". Além disso, ele afirma: "Qualquer coisa em seu ambiente pode ativar construções mentais sem você estar consciente disso".

Contudo, alguma vez você pode ter consciência do que está lhe condicionando? E é possível empregar condicionantes para aumentar sua faculdade mental?

"*Condicionamento/priming,* por definição, envolve a ausência de consciência das pessoas em relação a essas coisas [o que as está condicionando]" – afirma Wheeler.

No entanto, muitas pessoas aprenderam a controlar seus vícios por fumar, cafeína, açúcar, e assim por diante, bem como os desejos por tendências e comportamentos mais desconcertantes. Então, em algum nível, tem-se a impressão de que eles sejam capazes de conectar alguns dos pontos proverbiais.

"O fato de que as pessoas efetivamente não estavam cientes em nossos estudos não implica dizer que necessariamente *teriam de estar* não cientes" – afirma Wheeler. Ele pensa a respeito disso por um minuto, e continua: "Por exemplo, se você tivesse de alertar as pessoas, antes que elas entrassem no recinto, de que os objetos dessa sala poderiam influenciar seus julgamentos ou algo parecido, elas poderiam prestar atenção àqueles objetos e tentar eliminar suas influências sob seus julgamentos".

Outras pesquisas indicam que você pode aprender a reconhecer dicas ou condicionantes que sinalizam a disponibilidade a incentivos naturais por meio da memória, em outras palavras, você pode pensar, *eu fiz essas coisas no passado e elas funcionaram.* Alunos, por exemplo, aprendem que se eles conseguem se manter interessados em uma aula ou palestra e fizerem boas anotações, podem obter melhores notas. Uma pessoa que esteja tentando levar um estilo de vida sóbrio pode mergulhar em um ambiente que condiciona e recompensa a sobriedade. Se você está tentando tornar-se versado em esportes, artes, cuidados paternais e maternais, e assim por diante, pode buscar ambientes, empregando visões, cheiros, sons e encontros que ativarão comportamentos conducentes para seus objetivos. O que é importante lembrar é que colocando sua atenção em como pessoas, lugares e coisas específicas afetam você – até mesmo das maneiras mais sutis – vai ajudar você a descobrir quais deles estão desencadeando condicionantes positivos e quais provocam ruptura.

CAPTURANDO AS EMOÇÕES DO OUTRO

Pense nisto: alguma vez você entrou em uma sala e sentiu que alguém estivesse sugando sua energia antes que qualquer um de vocês tivesse a chance de proferir uma palavra? O que é que nos faz ficar tão envolvidos em filmes, livros e artes - como música e dança? Por que ficamos tão tocados simplesmente observando outros seres humanos?

Psicólogos denominam essa tendência mental como *empatia.* Eles nos dizem que sem ela não seríamos capazes de nos conectar com o mundo em que vivemos. E é este circuito mental, que agora a ciência nos diz que está conectado às nossas células, que nos ajuda a olhar para as pessoas no nosso mundo e a ver mais do que simplesmente outro rosto. A empatia é o que nos ajuda a vivenciar o que está se passando no interior das pessoas – sentir o que ele ou ela estão sentindo, compartilhar partes de nossa mente e, às vezes, formar vínculos.

Como é observado em toda tradição espiritual do planeta, nossa habilidade de sentir empatia nos ajuda a estabelecer ações prósperas, pacíficas e bem sucedidas aonde quer que vamos. Mas como este poder mental, tão frequentemente falado, porém às vezes misterioso, funciona?

O doutor Donald Pfaff, professor e chefe do Laboratório de Neurologia e Comportamento da Universidade de Rockefeller, oferece uma explicação. Pfaff é um renomado neurologista conhecido no mundo neural por ter descoberto os alvos celulares exatos para os hormônios esteroides no cérebro. Seu livro mais recente, *A neurociência da honestidade: por que normalmente obedecemos à regra de ouro* (tradução literal de *golden rule*, i.e., tratar os outros como você gostaria de ser tratado), teoriza que a empatia pode impedir que façamos mal aos outros, assim como nos direcionar a fazer o bem. A teoria de Pfaff é de que a empatia está arragaida na ciência bruta. E, assim, ele acredita que ela pode abrir toda uma nova dimensão para a compreensão e a utilização das capacidades empáticas que são os patrimônios hereditários de todos. Quando nos encontramos, fiz a pergunta que me incomodava desde a época em que entrei em contato com seu livro extremamente esclarecedor: o que ele quis dizer extamente quando escreveu que nós – nossos cérebros – estão programados para a *regra de ouro*?

"O que eu pretendia que isto significasse" - Pfaff explicou - "era que, sem assumir quaisquer poderes cognitivos especiais, nosso circuito neural está organizado de maneira a permitir que nos vejamos no lugar da outra pessoa e a outra pessoa no nosso lugar e, consequentemente, não fazer àquele indíviduo o que não deverimos e que não gostaríamos que nos fosse feito."[25]

Pfaff é fervoroso em relação ao seu trabalho. Ele é agradável e analisa cuidadosamente o que está prestes a dizer e então expõe, em uma rajada de informações fascinantes – rapidamente, sim, mas também querendo que você compreenda, verificando constantemente se você ainda o está entendendo. E caso você não esteja, ele gentilmente fará que você compreenda com mais exemplos e uma lógica cristalina.

"A teoria" - ele observou - "já leva em consideração que nós nos reconhecemos como distintos das outras coisas no mundo." Ele parou e pensou a respeito do que ele falaria em seguida. Então, continuou: "E tendo dito isso, eu diria que o livro [*Fair Play*], na maneira que penso atualmente a partir da obra, meio que se divide em duas partes – uma é mais motora e a outra, mais sensorial."

A parte motora à qual ele se referiu começa com uma discussão de *corollary discharge**, em que ele explica que: "Nós somos – nosso ente é – as pessoas cujo comportamento motor podemos prever e nos lembrar, significando que eu me reconheço como a pessoa que, se estou prestes a deslocar meu globo ocular para direita, saberei que é isso que ocorrerá e terei um registro motor disso por meio de um *corollary discharge.* Ou se eu intencionalmente erguer minha perna ou fizer qualquer outro movimento, que poderei anticipá-lo e ter uma memória muscular dele".

Isso quer dizer que Pfaff possui uma definição muito concreta de si, não, como ele a define "como um ser etério, mas em vez disso, como uma automação motora.

Tentando visualizar sua opinião, mesmo enquanto escrevo este livro, pego um copo d'água. Se eu fortalecer minha concentração, apenas um pouco, posso visualizar uma foto mental de mim mesmo realizando isso, mas a imagem é exibida um pouco desfocada na minha mente. Contudo, posso me ver fazendo isso e também me lembrar da imagem. Divertidamente, a imagem que sou capaz de criar em minha mente, de certa maneira, assemelha-se a um holograma.

Todavia, há outro lado para si mesmo, que Pfaff afirma que encontra-se mais do lado sensorial. Esse elemento de si mesmo pode permitir que um indíviduo se visualize de um modo distinto da maneira como vê outras pessoas. Trata-se de um tipo de representação interna diferente de apenas olhar para uma imagem ou fotografia de outra pessoa e reconhecê-la. "Então é provavelmente uma função motora pré-córtex" - afirma Pfaff. "E novamente, é quase uma mémoria motora, mas é como olhar para mim mesmo a partir de uma posição externa, por assim dizer."

Isso cria para mim quase uma imagem Zen. Faz que eu me recorde desse tipo de misteriosa habilidade que temos de olhar para nós mesmos,

* Corollary discharge é quando um comando motor inicia um sinal elétrico de um órgão, esse sinal transmite informação importante para o cérebro, que atua com um mecanismo de feedback que auxilia com automonitoramento. (N. T.)

tanto a partir de dentro como de fora. Por exemplo, digamos que eu esteja em casa e que as amigas de minha filha virão visitá-la e sei que elas podem ficar bem agitadas, então decido mover algumas coisas assim como, digamos, meu *laptop*, que está sobre a mesa da sala, para meu escritório, para protegê-lo. Quando estou fazendo isso de modo consciente, se estiver realizando isso pensativamente, então me visualizo guardando o computador para que ele esteja protegido. A imagem que vem à mente, para mim, é como se eu estivesse olhando para uma automação (holograma) de mim mesmo, ainda que sabendo o que está ocorrendo tanto do lado externo quanto do lado interno da imagem.

De acordo com Pfaff: "Esta habilidade de reivindicar a própria imagem refletida é importante não só para o reconhecimento de si, mas também para a capacidade de compreender e imitar outros.[26] E, aparentemente, somos programados para fazer exatamente isso.

A ciência diz que novas pesquisas podem nos fornecer uma explicação neurológica para essa capacidade de ter empatia em relação aos outros. O mais importante para essa pesquisa é um circuito de células cerebrais localizadas em ambos os hemisférios do cérebro, denominadas *neurônios espelhos*. Esses neurônios têm a impressionante capacidade de nos ajudar a capturar as emoções das pessoas.

Pfaff argumenta que os neurônios espelho devem ajudar no processo enfático, mas ele diz que sua teoria em *Fair play:* "Não depende plenamente deles. Minha teoria" - ele enfatiza - "os contempla porque fica mais fácil afirmar que somos conectados para reciprocidade com esses neurônios, neurônios espelho, mas a teoria é muito mais abstrata que isso e diz que qualquer coisa que embaraça duas imagens, independentemente de ser neurônios espelho ou outra coisa qualquer, daria conta do recado. A propósito" - ele indagou - "você sabe como eles [neurônios espelho] foram descobertos?"

Como eu havia entendido a história, um cientista italiano, Giacomo Rizzolatti, estava realizando uma experiência que envolveu o monitoramento do cérebro de um macaco quando ele descobriu os neurônios. Algumas pessoas da comunidade científica saudaram a descoberta como o equivalente no século XXI ao descobrimento do DNA.

Pfaff indagou: "E o copo de café? Você ouviu a esse respeito?"

"Não" - curiosamente respondi. "Não sei nada sobre isso."

Tive a sensação de que estava prestes a ouvir um relato dos bastidores de uma das mais brilhantes descobertas da ciência dos últimos tempos. Pfaff contou a história com entusiasmo. Eu podia ver que ele realmente gostava dela.

De acordo com a história, Rizzolatti e parceiros estavam registrando a partir de uma região pré-motora do macaco. "Há o córtex motor e na frente do córtex motor indo para o anterior há o pré-córtex motor" - Pfaff explicou, e continuou - "e estes dois cientistas italianos estavam registrando a partir de um neurônio que respondia – e deflagrava ações potenciais – quando o macaco erguia seu braço diante de si. E então era hora do almoço. Eles atravessaram o recinto onde o macaco se encontrava e ele podia vê-los [sua voz demonstra crescente excitação], e um dos cientistas de repente percebeu que o neurônio em questão estava ativando, mas o macaco não estava segurando seu braço naquela posição. O macaco estava olhando para ele, a pessoa que conduzia a experiência, segurando um copo de café, e naquele momento ele pensou – Eu não sei como se fala 'caramba' em italiano – mas *caramba, este macaco está respondendo à posição do meu braço*, a posição do braço da pessoa que conduzia a experiência, e é claro que aquilo tudo era suavidade e leveza depois de tudo.

O que deixou os cientistas abismados foi o fato de o macaco nem ter se mexido. O humano tinha se mexido. Para esse neurônio em particular, não havia diferença entre ver alguém fazer algo ou fazer por conta própria. Apenas o fato de ver alguém fazer algo foi o suficiente para fazer que ele se ativasse. Esses neurônios, que os cientistas concluíram estar envolvidos na coordenação das ações pessoais do macaco, também estavam conectados às ações dos outros.

Pesquisadores finalmente perceberam que todo o fenômeno espelho não se referia apenas a macacos, e sim que esses circuitos poderiam guiar e também desenvolver a atenção humana. Primeiramente, muitas pesquisas concentraram-se em como estes neurônios ajudavam pessoas a aprender, especialmente em relação a novas habilidades motoras (ou melhorar as existentes). Por exemplo, as crianças em seus primeiros anos de vida observam você levantando uma mão, e elas levantam as delas, copiando seu movimento. Você movimenta sua mão para frente, elas fazem o mesmo, e você finalmente pode ensiná-las a brincar de toque-aqui. Quando ficamos mais velhos e aprendemos a maneira certa de segurar um volante, dedilhar as cordas de uma guitarra, chutar uma bola de futebol, ou abraçar intimamente uma pessoa, recebemos ajuda do mesmo sistema de espelhamento.

Os cientistas também acreditam que neurônios espelho podem nos ajudar a ampliar nossa autoconsciência para incluir os sentimentos de outros, tornando possível sentir a alegria ou a tristeza, o prazer ou os desgostos, de outra pessoa como se estivesse realmente acontecendo com você. Isso, então, fornece-lhe uma melhor compreensão das intenções daquela pessoa, assim como as consequências de suas ações.

Dirigir sua atenção ao que as pessoas ao seu redor refletem vai lhe mostrar o que você está exteriorizando e como isso as afeta. Pode mostrar-lhe se suas ações estão em sincronia com seus objetivos.

Este conhecimento pode lhe ajudar a fazer escolhas mais sensatas em relação a que ações você precisa manter e quais poderá querer mudar. Ele ajuda a manter paz e harmonia em sua vida. E assim como todas as outras habilidades relacionadas com atenção, quanto mais você praticar, melhor será sua execução.

Considere o seguinte exemplo: você entra na cozinha após um dia ruim e, sem pensar, arremesa suas chaves sobre o balcão. Tudo que seu/sua parceiro(a) precisa fazer é ouvir o som de suas chaves batendo no balcão e ele ou ela começarão a sentir sua raiva, refletindo-a de volta para você. Lembre-se, cada vez que a emoção é mantida nesse vaivém entre vocês, ela também pode se intensificar, ativando seus hormônios corporais assim como as memórias. Quando emoções e memórias indesejáveis começam a entrar em um ciclo vicioso, elas escalam e podem, em pouco tempo, tornar-se bastante desagradáveis e, às vezes, até perigosas.

Uma pequena alteração em como você processa as coisas pode fazer toda a diferença do mundo. Vamos executar o cenário prévio de outra maneira: você chega em casa, sabe que teve um dia difícil e se sente péssimo, então você compensa se tornando mais ciente de suas ações, especialmente sua linguagem corporal e suas palavras. Você se concentra em se locomover e falar mais devagar, mais suave e atenciosamente. Você tenta ver suas ações externa e internamente. Você contempla suas opções emocionais à medida que registra o que se passa. Você é cuidadoso em se manter sereno, e então é capaz de se ver prestes a arremessar as chaves. Nesse momento crítico, você de modo consciente opta por gentilmente depositá-las sobre o balcão, em vez de jogá-las. Você tenta ler a linguagem corporal do seu/sua parceiro(a) até vislumbrar um momento apropriado para descrever seu dia. você decide o que deseja que seu/sua parceiro(a) compreenda da história que está prestes a contar e o que espera como retorno. Você leva em consideração como isso se encaixará na figura maior de seu relacionamento. Você decide contar a história, empregando essas metas como guia. Você se força a lembrar que a vida de repente lhe deu a oportunidade de afiliar-se em vez de alienar-se ao término do que foi, de outra maneira, um dia ruim.

O que fazemos e sentimos está conectado ao que outras pessoas estão sentindo e vice-versa. Você pode aprender a empregar as funções executivas de sua atenção para ajudá-lo a acionar o botão de "pausa" mais frequentemente – mesmo em uma decisão de frações de segundos. Isso pode lhe fornecer mais escolhas em relação ao que está ocorrendo em sua vida e ao que você está sendo convidado a participar. E você, enfim, escolhe mais estrategicamente.

O HERÓI DO METRÔ

> Empatia tem muito a ver com obter e manter o controle. Trata-se de um essencial processo de crescimento porque fornece a você mais informação para mensurar suas reações (respostas) à medida que você trabalha para atingir suas metas diárias.
>
> – Frank Vellutino

No dia 2 de janeiro de 2007, Wesley Autrey tornou-se um herói internacional. Autrey, um operário negro da construção civil, de 51 anos e veterano da marinha, salvou um jovem caucasiano que aparentemente sofreu uma convulsão e caiu da plataforma do metrô em Manhattan, saltando para dentro dos trilhos e empurrando a si mesmo e a pessoa entre os trilhos, debaixo de um trem que estava vindo. Se isso não fosse o suficiente, imagine isso: as duas filhas de Autrey, que o acompanhavam, testemunharam seu pai ousadamente realizar esse resgate heroico.

O que foi tão surpreendente foi o fato de Autrey ter tomado sua decisão de envolver-se em frações de segundos: saltando nos trilhos e se deitando sobre o corpo daquele jovem para abrigá-lo enquanto cinco vagões do metrô passavam sobre eles. E, talvez quase tão fascinante, quando tudo terminou e a multidão aplaudia, foi isto que Autrey pensou em dizer: "Nós estamos bem... Minhas duas filhas estão na plataforma. Avisem-nas que seu pai está bem!"[27] Seus pensamentos não eram de autoenaltecimento ou triviais. Em vez disso, eram os pensamentos afetivos, protetores e empáticos de um pai.

"Não me sinto como se tivesse feito algo espetacular" - Autrey comentou. "Apenas vi alguém que necessitava de ajuda e fiz o que achei que fosse certo."

E então toda a cena era de muita de empatia – para as filhas de Autrey e para Carmen Hollopeter, de 20 anos, o jovem cuja vida foi salva. Escrevendo a respeito do heroísmo de Autrey, o doutor Pfaff comentou que: "o cérebro do senhor Autrey deve ter instantaneamente alcançado uma identidade entre autoimagem e a imagem da vítima que caiu na frente de uma composição do metrô".[28] E então ele queria ajudar Hollopeter porque era isso que Autrey iria querer se estivesse na mesma situação. Como é que Autrey sabia o que fazer?

Autrey afirmou que ele tinha de decidir o que fazer em fração de segundos. Curiosamente, ele creditou todos seus anos de experiência como um operário da construção civil para ajudá-lo a mensurar se haveria espaço suficiente para as composições do metrô passarem sobre ele e Hollopeter. Contudo, havia qualquer outra coisa passando por essa mente prestes a realizar uma das façanhas mais altruistas da história?

Havia. De acordo com Pfaff, Autrey se encarregou de uma maneira que demonstra a atenção pró-social que Pfaff acredita por hipótese se desenvolver normalmente do amor parental e familiar. De fato, o próprio

Autrey disse posteriormente: "Eu não queria que o corpo daquele homem fosse atropelado. Não queria que minhas filhas vissem isso". Novamente, seus pensamentos se voltaram às suas filhas. Esse tipo de empatia, indicam pesquisas, está ligada à algumas tendências de sobrevivência muito primitivas exibidas por machos – especialmente na proteção de sua prole. E, de acordo com Pfaff, estas são apoiadas por hormônios, como testosterona e vasopressin para amplificar a agressividade necessária para a execução desses atos protetores.

Eu acho fascinante imaginar o que poderia estar passando pela mente de Autrey quando ele realizou esse ato incrível de heroísmo. Primeiramente, vejo um mecanismo de empatia que passei a acreditar que todos os seres humanos possuem: todos os circuitos programados para a empatia disparando intensamente, colocando a atenção de Autrey diretamente na mente e corpo de uma pessoa em necessidade; ele e Hollopeter, de certo modo, neurologicamente unidos neste momento do tempo, e então, em uma decisão de fração de segundos, Autrey se lança para ajudar, acompanhado por uma série de procedimentos de atenção salva-vidas (talvez acumulados durante anos de trabalho em construções); todos estes disparando em milissegundos, juntando-se na cascata de testosterona e vasopressin fluindo através do seu sangue para ajudá-lo, quimicamente levando-o a atos de proteção e abnegação realizados por pais através da história.

Wesley Autrey é um herói americano. E embora provavelmente nunca estejamos em posição de usar nossos próprios corpos para proteger outras pessoas de um trem do mêtro que vem em nossa direção, podemos nos beneficiar aprendendo a regular os mesmos mecanismos de atenção que se desencadearam no cérebro de Autrey e empregá-los para ajudar a facilitar nossas vidas diárias. Vejamos como.

4
AUTORREGULAÇÃO

Sem autocontrole, podemos ter as motivações mais convincentes e estabelecer as metas mais audaciosas, contudo, ainda seremos invariavelmente distraídos.

– Maggie Jackson, autora de Distraído

Aí vem todo mundo

Imagine isto: é Dia de Ação de Graças. Você está esperando visitas para celebrar o feriado. Você esteve a manhã toda preparando a ceia, e sua casa está bem acolhedora e encantadora. Você está um pouco ansioso. Está quase na hora de os convidados chegarem. De repente, você ouve a campainha, olha pela janela e um bom número de visitas chegou, todos de uma vez, e estão segurando, em seus braços, grandes quantidades de comidas deliciosas. Você começa a cumprimentar as pessoas, e mais convidados chegam, também carregando guloseimas. Seria fácil visualizar a situação como um pouco aterradora e caótica (e é natural, por um momento, porque essa situação não é uma com a qual você esteja acostumado a lidar no dia a dia). Todavia, você planejou a celebração durante semanas, e então tem uma pré-concepção (*schema)* de como quer que as coisas se desenrolem. Além do mais, você se contagia com a animação. E pensa, será uma festa incrível. Sua memória está repleta de esquemas de outras festas bem-sucedidas nas quais você foi o anfitrião. Então, quando alguém indaga: "Onde você quer isto?", você simplesmente fala, "O que é?" "Aperitivos", alguém lhe responde. "Coloque-os lá", e você aponta em direção ao balcão da cozinha, lembrando-se de que é lá que eles foram colocados no ano passado e isso funcionou bem. "E quanto a estes?" – outra pessoa indaga.

Como se fosse a coisa mais natural do mundo, você começa a ingressar em um "módulo de gerenciamento de festa" e começa a dar as ordens: sobremesas aqui, bebidas lá. As verduras lá dentro. Algumas das informações que você recebe entram em conflito com outras que você tem em mente: "Que tal colocarmos as saladas aqui junto com as verduras?" alguém recomenda. Em vez disso, você sugere a sala de jantar: "Na verdade há uma mesa lá dentro apenas para todos os tipos diferentes de saladas". E às vezes você corrige um erro de gerenciamento: "Desculpe-me, mas eu não sei o que estava pensando. Este é provavelmente um local melhor que aquele". Ou as sugestões de alguém podem não se encaixar com seu esquema, mas funcionam – talvez ainda melhor do que você havia planejado: "Isso não era o que eu tinha em mente," você se pega dizendo, "mas eu gostei mais da sua ideia". E até mesmo se os convidados continuarem chegando após o *rush* inicial, e há grande quantidade de informação concomitante vindo até você de todas as direções, automaticamente concentra sua atenção para "dar boas-vindas aos convidados e gerenciar a comida," e é tudo, no final das contas, factível.

Gosto de utilizar o Dia de Ação de Graças como uma metáfora de como nós podemos, naturalmente, supervisionar grandes quantidades de informação que moldam o que pensamos e fazemos e, ainda assim, conseguimos nos manter calmos e concentrados à medida que nos movemos – com algum senso de atenção e autoconsciência - em direção às nossas metas. Quando você, na verdade, para para pensar a respeito, pode gerenciar uma grande quantidade de informação em um momento qualquer. Independentemente de você estar inventariando a linguagem dos hormônios ou dos sentimentos, independentemente do seu objetivo ser social, profissional, emocional ou atlético, sua habilidade de ouvir e processar as novas informações é fantástica.

Nossas "visitas," em relação à construção da atenção, são: pensamentos, sentimentos, emoções, hormônios, memórias e constelações de informações externas – todas capazes de ativar procedimentos que, prosperamente (ou não), vão guiá-lo através de sua próxima série de ações.

O processo de gerenciamento semelhantemente ao do Dia de Ação de Graças, é uma questão de alternar sua atenção de informações externas para internas e procurar uma combinação Por fim, você pode escolher ouvir, trabalhar com, e direcionar essa informação para que possa se aproveitar das melhores opções que ela oferece. Ou você pode permitir que suas respostas pré-programadas entrem em ação e assumam o controle. Você pode também escolher ambas as maneiras para proceder. E tenha em mente, que também sempre tem a opção de ignorar uma informação como irrelevante.

Parece ser assustador, e se você tentasse assumir o controle de cada minúsculo detalhe de sua vida desta maneira, seria. No entanto, realisticamente, a maioria de nós optaria por não fazer isso. Para começar, ter funções automáticas deixaria de ter sentido – que é lhe fornecer com mais capacidade cerebral para outras coisas que você poderá precisar processar e estar conscientemente controlando. Por outro lado, entretanto, você não deve sempre sucumbir às suas programações padrão. Há muito que se pode fazer para treinar sua atenção para cuidadosamente planejar e rapidamente assumir o controle dos momentos importantes da vida e garantir que você tenha alguma participação no resultado das coisas.

O presidente executivo de sua atenção

A ciência nos diz que, como humanos, somos capazes de regular nossos pensamentos, nossas emoções e nossas ações em um grau maior do que outros primatas. De fato, a natureza nos programou com a capacidade de identificar momentos prioritários em nossa vida e tomar decisões executivas em relação a eles. Por exemplo, podemos escolher nos abster temporariamente em relação a algo que queremos, em troca de alguma coisa que podemos prever que será melhor mais adiante. Podemos traçar planos, evitar distrações, e trabalhar na direção das metas. O que torna tudo isso possível são nossas funções de atenção executivas (ou supervisoras).

Da mesma maneira que um executivo pode examinar detalhes relacionados a uma decisão empresarial, sua atenção executiva pode direcionar seu foco para os detalhes internos e externos apropriados e tomar decisões de acordo com as metas. Dessa maneira, a atenção executiva é intimamente relacionada com intenção ou força de vontade.

Do ponto de vista de desenvolvimento, os humanos nos seus primeiros anos de vida têm o período mais longo de dependência de seus pais (provedores) que qualquer outro mamífero. Contudo, e talvez como uma maneira de controlar angústias, começamos a despertar as funções de atenção executiva no primeiro ano de vida.

Durante os primeiros três meses da infância, os provedores normalmente afirmam que tentarão controlar as angústias segurando ou balançando o bebê. Curiosamente, após o terceiro mês, muitos provedores, especialmente nas culturas ocidentais, tentam distrair os bebês guiando suas atenções para outros estímulos. Quando as crianças prestam atenção, eles frequentemente se acalmam.[1] Isso poderia ser visto como resultado de um sistema primitivo de gerenciamento de angústias? Muitos psicólogos acreditam que sim. De fato, a literatura atual demonstra que a diferença entre o adulto e a criança reside no desenvolvimento das funções executivas, que, para a criança, iniciam-se com o gerenciamento das angústias e depois operam-se em níveis de atenção mais elevados e voluntariosos no segundo ano de vida.[2]

À medida que você avança para a idade adulta sua atenção executiva amadurece e se manifesta na habilidade de solucionar conflitos, corrigir erros e planejar novas ações.[3] Torna-se necessária em situações em que a rotina ou os processos automáticos são inadequados – qualquer coisa entre treinar nos tatames a dar as boas-vindas aos convidados do Dia de Ação de Graça, a chegar ao trabalho e ter de lidar com uma questão inesperada. De grande importância, a atenção executiva pode regular uma variedade de redes, incluindo as respostas emocionais e informações sensoriais, e é essencial para a maioria das outras habilidades, assim como para o desempenho no mundo acadêmico e social. A boa notícia é que os pesquisadores consideram que a atenção executiva é um mecanismo treinável sem um limite aparente. E isso é importante porque a mensagem clínica é esta: **Não há limite para quanta capacidade mental de atenção você pode desenvolver.**[4]

E isso nos traz àquilo a que este livro nos conduziu até esse ponto: sua capacidade para autorregulação.

Autorregulação

A *autorregulação* tornou-se rapidamente uma área de crescente interesse em uma variedade de publicações que vão desde de retreinar seu cérebro até levar uma vida mais feliz e saudável, ao sucesso profissional e interpessoal em todos os níveis. E para a imensa maioria de nós, a autorregulação é na verdade o jogo derradeiro em treinamento de atenção. Talvez o melhor motivo para isso seja o de que ela funciona. E há muitas evidências clínicas para comprovar isso.

Entretanto, o que é exatamente autorregulação? Em geral, o termo se refere a exercitar o controle sob vários elementos envolvidos em alcançar e/ou manter as metas diárias. Mais especificamente, a autorregulação é o gerenciamento dos processos conscientes e/ou automáticos que influenciam atenção, pensamentos, emoções, memória, química sanguínea, e outras funções fisiológicas, motivações, comportamentos e desempenho em relação ao cumprimento de metas. Com esse fim, a maioria dos pesquisadores acredita que a autorregulação pode ser um ato consciente com a participação das suas funções executivas de atenção.

As pesquisas do doutor James Diefendorff no campo da autorregulação são inspiradoras e esclarecedoras. Diefendorff, psicólogo da Universidade de Akron, escreve ostensivamente sobre os elos entre a autorregulação e a atenção, e especialmente a respeito de que coisas tendem a fazer que os processos autorregulatórios funcionem. Quando conversamos, Diefendorff me contou que ele tem uma paixão por estudar por que as pessoas fazem coisas e como podemos empregar nossas habilidades de atenção para nos manter motivados ao longo do tempo, assim como ajudar a gerenciar nossos recursos cognitivos.

"Possuímos distrações de todos os tipos que podem interromper nossos contínuos processos de pensamento", explica Diefendorff. "Nós até temos outras metas e emoções que podem tentar obter acesso à nossa atenção e controlá-la. Então, compreender como evitar que essas coisas o interrompam é crítico para o modo como você manobra sua vida diária."[5]

Uma maneira de não permitir que as coisas nos interrompam é estabelecer metas e intencionalmente desligar informações que possam nos distrair ou marcá-las como irrelevantes. Diefendorff relata que: "Indivíduos que podem de modo eficaz iniciar ações em direção às metas [ação orientada à metas] e são melhores em bloquear informações não relevantes para obtenção destas, possuem uma consciência mais elevada do sucesso autorregulatório".[6]

O fato é que, se começar a pensar sobre uma meta e como (quando, por que, onde, e assim por diante) vai atingi-la, você será mais eficiente em desligar informações irrelevantes e distrativas quando elas se apresentarem ao longo do caminho.

"Nossa pesquisa" - Diefendorff explicou - "basicamente demonstrou que pessoas que exibiram menos inibição dos processos cognitivos – o funcionamento cognitivo padrão como a relação a ser capaz de ignorar informações que podem vir a distrair – são menos eficientes em autogereneciar muitas das diversas exigências da vida como trabalho, saúde, regulação das emoções, assim como os aspectos acadêmicos. Pessoas que não são capazes de suprimi-los tão eficientemente têm mais dificuldades."

Consequentemente, quanto melhor for sua inibição – isto é, sua habilidade de bloquear ou designar determinadas informações como irrelevantes para as exigências da tarefa – mais capaz você será de manter distrações fora da sua memória de trabalho, tornando-a mais eficiente conforme você se aproxima de suas metas. Entretanto, quanta regulamentação você pode realmente alcançar apenas por meio de força de vontade? Pesquisadores acreditam que a resposta para essa pergunta, depende muito da tarefa, é muita.

"Eu acho que é parcialmente da vontade," afirma Diefendorff. "Parte dela encontra-se programada; é biológica. Todavia, acho que você consegue, se motivado; acredito que o desejo de autorregulação pode aperfeiçoar suas tendências para realizá-la. Muito do efeito da sua motivação depende de estratégias mais conscientes e intencionais – e você poderá ter de trabalhar nessas coisas como:

- Compreender que tipos de circunstâncias vão distraí-lo e prevenir a ocorrência destas.
- Compreender como interpretar algo como um erro ou fracasso de maneira mais positiva para não ficar imerso em pensamentos a respeito dessa situação negativa em que você se encontra.

- Compreender como manter sua atenção concentrada (focalizada) durante atividades mais conscientes e intencionais.

É aí que eu acho que motivação e força de vontade entram em jogo."

Diefendorff insiste que sempre que você estiver vivenciando uma correção ou um erro há duas maneiras pelas quais você pode interpretar isso: "Basicamente, você pode pensar a respeito disso como uma ameaça ou uma oportunidade" - ele explica. "Você pode dizer, bem, um erro pode sinalizar que eu não sou bom em alguma coisa, que pode resultar em muitos pensamentos debilitadores e negativos sobre si mesmo – ou um erro [ele afirma com ênfase] pode sinalizar que essa é uma oportunidade de tornar-se perito no que quer que seja que você esteja envolvido, de tornar-se mais versado nessa atividade, que consequentemente preveniria aquelas emoções negativas, e que subsequentemente manteriam você concentrado na meta que esteja empenhado em alcançar."

Há uma venerável doutrina das artes marciais que desenvolveu-se da ideia de ir com a corrente. A ideia é que todo movimento da vida encerra uma oportunidade em algum lugar do seu interior. Trata-se de uma lição que, em um primeiro momento, é difícil de dominar. Isso por que o novato frequentemente visualiza um empreendimento frustrado como um fracasso, e a próxima série de sentimentos, pensamentos e ações dele ou dela são guiados por essa conclusão. Uma possível explicação para essa reação é o fato de o novato dar muita atenção a controlar o comportamento do oponente em vez de aceitá-lo e colocar sua atenção em controlar (ver, ativar e inibir) as próprias opções. Por exemplo, digamos que um novato emprega uma técnica que depende de dois golpes rápidos. O primeiro golpe é bloqueado, eliminando a possibilidade de um segundo golpe que ele tinha em mente. Os iniciantes frequentemente tornam-se confusos nesse momento (em virtude do desapontamento ou da raiva ou de outra emoção negativa), e na fração de segundo na qual eles relaxam, seus adversários são bem sucedidos em contragolpeá-los. As emoções prejudiciais, as memórias, a química sanguínea e os procedimentos estão entrando em ação e contaminando uma resposta mais adequada.

Os praticantes de artes marciais mais bem *rankeados* normalmente são muito mais habilitados em ativar informações relevantes e inibir dados irrelevantes, com certa facilidade, embora às vezes eles pratiquem a visualização desses momentos de experiências passadas para ajudar a gravar estratégias em suas memórias para uso futuro. Um lutador mais experiente não se entregará em um golpe frustrado – nem mesmo considerará o fracasso como um erro. Em vez disso, provavelmente, ele/ela verá uma oportunidade no "novo movimento" e graciosamente superará o bloqueio de seu adversário, diretamente para uma chave de braço, aplicando um golpe de judô como se tudo tivesse que ocorrer dessa maneira.

Diefendorff dirigiu-se a uma área de pesquisa que ele identifica como *treinamento de gerenciamento de erros (error management training)*, em que, de acordo com sua explicação: "trata-se de treinar funcionários em como eles devem desempenhar uma tarefa. A perspectiva tradicional é de que erros são ruins. Que sempre quando você aprende a fazer algo, a prática leva à perfeição. E que você não quer cometer erros enquanto está aprendendo".

"Provavelmente, qualquer coisa entre escrever um trabalho de conclusão de curso e guiar um carro ou ter um bom relacionamento com seu/sua parceiro/a" - sugeri.

"É isso mesmo," respondeu ele. "Acho que essa é a opinião tradicional. Entretanto, erros, como muito de nós sabemos intuitivamente, também podem ser benéficos."

Então, se você puder aprender a não interpretar um erro como uma ameaça para seu ego, mas como uma oportunidade para tornar-se mais versado em algo, você eliminará a possibilidade da ocorrência de emoções negativas sempre que experimentá-lo.

"Entretanto, isso nem sempre é possível" - Diefendorff explicou. "Às vezes os erros realmente são problemáticos, mas acho que em muitas situações em que você tem uma escolha no modo de interpretar informações negativas ou informações que dizem que você não está se saindo bem, essa escolha pode ter implicações em quão bem você se manterá concentrado e colocará sua atenção em algo para prevenir distração."

Mais uma vez a ciência e as antigas sabedorias concordam.

Iniciar a ação e bloquear a informação desempenham grande função na pesquisa de atenção. Diefendorff explicou: "Elas são realmente duas habilidades autorregulatórias distintas. Uma é a capacidade de ir atrás de uma atividade escolhida e iniciá-la. E a outra é de prejudicar."

E é claro que isso implica assegurar-se de que aquilo que você está prestes a ativar é apropriado e correto. À luz da autorregulação, vem à mente o hino de guerreiro do Coronel Nally e pode ser uma maneira interessante de ajudar a se concentrar naquilo em que você precisar colocar sua atenção quando a hora chegar – mesmo se somente de maneira genérica, ele ainda aciona os circuitos cerebrais corretos para inibição e ativação: *Faça a coisa certa, pela razão certa, da maneira certa, com o brilho das coisas básicas, até mesmo sob condições extremas.*

Isto leva, na opinião de Diefendorff, a ser capaz de dedicar seus recursos cognitivos para a tarefa do dia, por assim dizer, e ter a motivação para iniciar a atividade.

Então, as paixões acadêmicas de Diefendorff emergiram e sua voz intensificou-se: "A iniciativa é decisiva" - ele disse. "Uma vez que tenha iniciado uma atividade, você tem de subsequentemente impedir distrações enquanto estiver perseguindo essa meta porque nós habitamos em um ambiente de múltiplos objetivos, no qual as coisas estão constantemente competindo pelos nossos recursos cognitivos, e alguns de nós são muito bons [ele novamente fala a respeito enfaticamente] em manter-se concentrados em alguma coisa. E alguns de nós não são." E alguma dessa habilidade, de acordo com Diefendorff, pode ser adquirida por meio de prática e uma vida inteira lidando com distrações.

Então, lá estava ela novamente: grande como um aviso de neon, o caminho para mudança e o poder que está incrustrado em nosso interior, filosofias e ciência. Você pode acreditar em qualquer argumento que faça mais sentido para você, mas a mensagem é a mesma: treine, pratique, repita, construa um padrão e alcance.

Todavia, lembre-se: tenha cuidado com o que você treina porque é provável que você o alcance. Eu digo para todos meus alunos manterem seus olhos abertos para quaisquer padrões que possam emergir nos seus comportamentos. Padrões sugerem que algo está sendo treinado, consciente ou inconscientemente, e independentemente do que seja, mais cedo ou mais tarde, ficará automático; você o fará sem pensar. Ajuste o que você treina e treine as coisas certas.

Com esse propósito em mente, treinamento, para mim, sempre envolveu atenção e força de vontade. Então, perguntei a Diefendorff se ele poderia me falar mais a respeito das funções que estas desempenham para ele em relação à ativação de metas.

Ele pensou por um momento. "Sim" - disse ele. "Acho que é isso que ocorre. A qualquer momento, nós provavelmente temos um número infinito de potenciais metas que estão aguardando por sua oportunidade, certo? E acho que uma estratégia autorregulatória realmente eficiente é esperar que essas oportunidades se apresentem no ambiente, depois reconhecê-las, e então iniciar ações na hora apropriada – nem muito tarde nem muito cedo – e isso facilitará o objetivo de tentar direcionar todos os seus recursos cognitivos nesse caminho."

Um dos focos deste livro é construir procedimentos comportamentais que possam ser ativados em milissegundos e ajudá-lo em direção a uma ampla gama de objetivos. Contudo, em relação à autorregulação, a maioria dos pesquisadores concorda que a falta de capacidade de alguém de assumir controle da imensa maioria dos procedimentos automáticos não é uma coisa ruim. Novamente, essa condição existe porque dependemos das funções automáticas. No entanto, alguns desses procedimentos podem nos atrapalhar à medida que tentamos desempenhar tarefas, sejam elas sociais, profissionais, acadêmicas, relacionadas com a saúde, ou o que quer que sejam. Algumas podem atrapalhar porque alteramos nossa abordagem para fazer certas coisas ou porque alteramos nossa percepção de quem somos e de quem desejamos ser. Como resultado, esses procedimentos são os que deveríamos analisar mais de perto e talvez reconstruir, ou uni-los com procedimentos que estão mais relacionados às nossas atuais metas de vida.

Diefendorff concorda. "Isso faz que eu me recorde de algo chamado de *intenção de implementar (implementation intention)*" - ele explicou - "que afirma que uma maneira realmente eficiente de desempenhar uma atividade é especificar quando, onde, por que e como você vai desempenhá-la, para que quando você for enfrentar a situação, automaticamente volte sua atenção para ela. Você essencialmente transfere o controle comportamental de si para o ambiente e isso permite que você não se preocupe com as coisas que precisa fazer. Isso, por sua vez, significa que você está mais concentrado no que você está fazendo atualmente, e também significa que você é bem eficiente em iniciar coisas no momento mais oportuno."

Novamente a ciência e as sabedorias antigas concordam.

Diefendorff me forneceu um bom exemplo: "Uma pessoa pode pensar [visualizar], 'Quando forem 4 horas sairei do trabalho e buscarei meu filho.' Ou 'Quando vir Joe, iniciarei uma conversa com ele a respeito de uma proposta na qual estou trabalhando.' Então, você não tem de se preocupar em buscar seu filho, você não tem de se preocupar em encontrar o Joe; você não está empregando seus recursos de atenção para essas metas. Entretanto, quando a situação se faz presente, você automática e eficientemente inicia a ação que está relacionada com essa meta".

Na verdade não é tão difícil. Lembra-se do exemplo da camisa amarela no concerto gótico? Um colega que toma café comigo uma vez me falou a respeito do seu filho, que, em uma idade muito precoce, estava deitado na cama uma manhã aparentando estar imerso em pensamentos. Ao vê-lo, meu amigo lhe perguntou: "Então, no que você está pensando logo tão cedo de manhã?" "Eu estou apenas revisando as coisas que gostaria de fazer na data de hoje" – relatou o filho. Agora acrescente a possibilidade de visualizar suas opções e de ver o que é melhor para você quando a oportunidade surgir, e terá sucesso. É tão simples quanto isso, e na maioria dos casos você já terá começado a ativar suas potencialidades assim como a inibir suas distrações. De fato, recentemente fiz minha filha, Isabella, tentar o procedimento para ajudá-la a se lembrar seu lugar no palco durante a recente apresentação do *Quebra- nozes,* ela ficou maravilhada com os resultados. Não é nem um pouco difícil.

Assim, com o uso de sua atenção executiva para ajudá-lo a ativar ou inibir, de maneira seletiva e discriminatória, coisas no seu ambiente, você pode integrar informações armazenadas na sua memória (emocional, química e processual) e gerar ações automáticas com as quais poderá ir ao encontro de suas metas, além de liberar espaço no seu cérebro para outras coisas.

Diefendorff apresenta algo mais para levar em consideração: "a indicação de qualidade e legitimidade de uma eficiente autorregulação" - ele argumenta, "é talvez não ter uma estratégia ou um conjunto de estratégias. Trata-se de flexibilidade; de ser capaz de inibir por completo coisas sobre as quais você não esteja trabalhando ou em outros momentos se permitir ser distraído por coisas porque algo importante pode emergir no seu ambiente. Alguém que somente criou inibição pode ter perdido uma oportunidade, certo?"

A ideia é ser flexível e adaptável; o que deve ser inibido nesta situação pode ser que tenha que ser ativado naquela situação. A resposta no final das contas nasce da circunstância.

Ser flexível, de acordo com Diefendorff, também significa "Você deve ser capaz de persistir com as coisas que está fazendo até completá-las, e ao mesmo tempo ser capaz de prematuramente desprender-se se a situação o vier a exigir, e eu acho que ter uma compreensão no nível executivo, por assim dizer, que algo com o qual você esteja lidando requeira certa quantidade ou não de flexibilidade, ajudará os indivíduos a se adaptarem ou a escolherem estratégias autorregulatórias que se equiparam com a demanda ou atributo.

Podemos ter a tendência de pensar que ter grande inibição é sempre melhor. Entretanto, Diefendorff insiste que isso nem sempre é verdade. Permitir-se ser distraído por que coisas importantes podem surgir também é essencial. Pessoalmente falando, recordo-me da minha colega que eu permiti que me distraísse bem no meio do prazo de entrega da minha pesquisa e todos os benefícios que aquela decisão trouxe. Ou quando poderia ter permitido que aquela enfermeira que explicava os resultados do meu eletrocardiograma (que verificou-se não ser nada) distraísse meus temores. Ou como a dança maravilhosamente distraidora da Isabella naquele início de manhã na cozinha levaram minha atenção e pesquisas em relação à atenção à uma nova jornada sensacional.

As pesquisas de James Diefendorff, para mim, aprimoram o treinamento de atenção em um exercício diário. Ele acende uma luz sob um circuito capaz de substituir a fragilidade de muitas esperanças com perspicácia e autorregulação – um espaço na mente onde metas pessoais podem se tornar sua realidade.

Regulando desta ou daquela maneira?

Imagine isto: você está lendo a respeito das condições meteorológicas em locais como Havaí ou Bahamas e, posteriormente, você faz uma avaliação menos favorável em relação às condições do tempo em uma cidade do meio oeste, como Indianápolis, a qual poderia ter sido feita de maneira diversa, completamente inconsciente de como a primeira onda de informações afetou as outras. Ou você vê um grupo de pessoas muito bonitas; digamos, parecidas com modelos, que desfilam em passarelas, ou belos atores ou belas atrizes, e depois julga um grupo de pessoas, de aparência média, como menos atraentes do que teria julgado, caso não houvesse visto antes os indivíduos mais atraentes. Ou você vê uma bela atriz de Hollywood na capa de uma revista conhecida e posteriormente tem uma visão menos favorável de si ao se olhar no espelho.

E, ainda, depois de ler a respeito das condições meteorológicas em localidades onde pessoas passam férias, sua opinião sobre o quão satisfeitas as pessoas dessas localidades estão em relação aos seus empregos pode, de repente, ficar menos favorável do que seria sem ter primeiramente lido a respeito dessas localidades.

A influência do viés de informação tem sido bem documentada por psicólogos. Estamos constantemente avaliando pessoas, locais e coisas – assim como a nós mesmos – em geral, tão rapidamente que isso ocorre de forma inconsciente. A emissão de opiniões é parte da vida, mas a realização de avaliações precisas e cuidadosas pode ser às vezes algo delicado. Isso porque nossas percepções podem ser contaminadas por grande número de fatores que acessam nossa atenção. Por exemplo, pesquisas demonstram que seu estado emocional antes de uma avaliação pode ter alguma influência sobre se você reagirá de forma positiva ou negativa a determinadas informações. Ou que a informação que antecede uma avaliação pode condicionar seus pensamentos e ações, sem que você saiba.

Todavia, há momentos em que você tem consciência desse viés. Nesse sentido, pesquisadores descobriram que, quando você tem consciência desses preconceitos, você tende a evitar quaisquer informações que você percebe como falsas. Contudo, pesquisas semelhantes demonstraram que você pode, na verdade, concordar com essas informações se acreditar que elas foram compartilhadas com você em segredo. Se, por exemplo, você acredita que alguém está lhe falando algo que não seja verdade em relação a um amigo, você poderá responder contrariamente àquela informação. Então novamente, digamos que um amigo lhe conta alguma coisa a respeito de um colega de trabalho, e você acredita que ele está lhe contando isso confidencialmente; você poderá então concordar com a informação que está ouvindo. Qualquer um desses cenários é capaz de guiar sua atenção e, subsequentemente suas ações. Além disso, a intensidade de suas respostas pode ser afetada, dependendo da sua responsabilidade pessoal na situação. Pesquisas mostraram adicionalmente que, quanto mais você se acha responsável por emitir um julgamento, especialmente quando você observa o julgamento em si como importante, e se você não estiver distraído, menos importância atribuirá ao que você visualiza como informação preconceituosa em relação ao assunto. As palavras operacionais aqui são *perceber e mais.*

O psicólogo de Yale, doutor Duane T. Wegener, relatou extensas pesquisas quanto à maneira pela qual as pessoas corrigem o que elas percebem como tendencioso. Em um estudo realizado com o doutor Richard E. Petty da Universidade de Ohio State, Wegener explicou que as pessoas tendem a corrigir o que elas percebem como tendencioso, até mesmo quando o preconceito real é desprezível. Além disso, quando você está motivado e pode corrigir uma avaliação, à luz de informação tendenciosa, você tende a ajustar seu julgamento em uma direção oposta àquela do preconceito observado.[7] Este último ponto é importante porque seu processo de correção será igual, mesmo se seu preconceito observado for muito distinto da real intensidade da tendência dentro da situação. Por exemplo, digamos que você esteja em um comitê de contratação e alguém levanta a questão de que você constantemente contrata apenas candidatos fisicamente atraentes, e agora chegou o momento de contratar para uma posição nova. Sua percepção disso como comportamento tendencioso, e sua magnitude, podem determinar a intensidade de sua correção. O problema é que você poderá tentar compensar por esse padrão de contratar pessoas fisicamente atraentes, uma questão que foi trazida à sua atenção. E você poderá, no final das contas, corrigir em excesso a ponto de tomar a dianteira e contratar uma pessoa "pouco atraente" que não tem as qualificações para a posição. Em contraste, você poderá visualizar a pessoa que está tentando levantar dúvidas a respeito de seu critério de contratação, tentando ser tendenciosa com você e, nesse caso, você poderá tentar desviar-se dessa informação – isto é, mover-se em uma direção oposta àquela que a pessoa está sugerindo. E, finalmente, há o cenário de não estar conscientemente da parcialidade de certa informação que chega a você, caso em que você tende ao *default*.

As pesquisas com objetos de negócios de Christian Wheeler (abordadas no capítulo 3) fornecem outro bom exemplo. Na experiência de Wheeler, a pasta executiva aumentou o conceito de competitividade. Então, as pessoas estavam mais aptas a pensar a respeito de competitividade em determinadas situações, assim como a visualizar competitividade em determinados ambientes. Todavia, "O fato de que as pessoas não estavam cientes nas nossas pesquisas" - Wheeler explicou - "não significa que elas necessariamente deveriam estar não cientes. Por exemplo, se você os alertasse antes de eles entrarem no recinto que os objetos da sala poderiam afetar seus julgamentos, eles poderiam ficar ligados nestes objetos e tentar eliminar suas influências sob seus julgamentos."

Embora não seja fácil descontaminar sua atenção de potenciais parcialidades, muitas pesquisas sobre a autorregulação da correção de parcialidades sugerem que há certo número de medidas que podem ser realizadas para que você tenha sucesso.

Wheeler acrescenta: Sua primeira medida teria de ser a identificação da origem da parcialidade. Na experiência com os objetos de negócios, por exemplo, você tinha uma pasta executiva e uma caneta. No entanto, em suas experiências diárias, as fontes podem ser qualquer pessoa, lugar ou coisa que você percebe que levam suas ações a ser tendenciosas. O próximo passo é possuir alguma teoria em relação à extensão e à direção da parcialidade, e sua intensidade. Então, você tem de decidir o quanto corrigir.

Isto nos remete mais uma vez de volta à importância do controle da atenção executiva e da autoconsciência, à combinação que permite que você não só tome decisões intencionais e discriminadoras, mas o faça de acordo com o que você foi, quem você atualmente é, e quem você deseja ser no futuro.

NÃO SE ESQUEÇA DA OUTRA PESSOA

"B. F. Skinner foi um dos meus professores em Harvard" - contou-me o doutor Pfaff, quando lhe perguntei a respeito de sua opinião sobre autorregulação. "Então é claro" - Pfaff cordialmente falou que - "a modificação de comportamento é o nome do jogo." Depois ele continuou dizendo algo sobre o que tenho pensado muito desde então. "Nós [todos nós], às vezes, temos dificuldade de prestar atenção às coisas que são intrínsecas." Ele fez uma pausa como se estivesse pensando cautelosamente a respeito do que falaria a seguir. "Em outras palavras" - continuou - "todos nós, independentemente de quão inteligentes sejamos, prosseguiremos pela vida fazendo coisas sem questionamento – e eu uso a palavra como se fosse em um estado Zen – de maneira descuidada [ele enfatizou] em relação às exigências básicas de comportamento naquela época, naquele local."

Para mim, a conversa tornou-se um extraordinário momento humano, o que Virgínia Woolf teria denominado de "um momento de ser". A humilde observação de Pfaff, particularmente vindo de um neurologista imensamente admirado por tantas pessoas, fez que eu tivesse profundo respeito por ele. Tive uma lição de modéstia com sua humildade e, desde então, venho tentando cultivar mais a minha. Compreendi o tipo de comportamento descuidado que ele mencionou. É o bastante dizer, eu sei porque estive lá.

Pfaff (tanto no seu livro, *Fair play*, como em conversações) argumentou que o cérebro humano está de fato programado para a capacidade de viver com atenção. Parece, então, que a habilidade de estabelecer um sentido aguçado de viver atentamente está ao nosso alcance.

Novamente, tudo se resume à autorregulação. Se você estiver contente com a maneira pela qual está presentemente prestando atenção às coisas, então regulação para você é continuar fazendo isso. Caso sua vida esteja exigindo uma atenção mais aguçada ou um processamento mais veloz das informações e você deseja estabelecer isso, então você poderá começar a treinar sua atenção para esse propósito. Há muitas possibilidades, mas o fato é que talvez haja mais controle ao nosso alcance do que nós imaginamos.

"Eu realmente tenho muita fé" - afirmou Pfaff - "na maleabilidade e no aperfeiçoamento do comportamento humano." Para Pfaff, autorregulação é um tipo de treinamento de sensibilidade. "Então, se houvesse um indivíduo" - ele diz - "especialmente uma criança, que estivesse tendo dificuldades em se relacionar com outros e se comportar de maneira civilizada, um tipo de maneira carinhosa com outros membros do grupo, acho que seria difícil acalmar essa pessoa para um nível de tranquilidade na qual ela poderia ser sensível aos processos que permitem que sua autoimagem se mesclasse com a imagem das outras pessoas e, consequentemente, levá-la a se comportar melhor."

De acordo com Pfaff, nossos cérebros estão programados para a empatia, mas ele afirma objetivamente que embora possamos estar programados para a reciprocidade, haverá diferenças individuais e haverá alguns indivíduos, como os homicidas, com machados, que não possuem exatamente a mesma capacidade para essas funções.

E, então, obviamente, isso nos remete mais uma vez à questão de treinar a atenção e a autorregulação, que começa quando nos ouvimos a nós mesmos (interior e exteriormente), assim como ouvimos aos outros.

Visto que Pfaff foi treinado para ver as coisas fisiologicamente, meu treinamento me impulsiona a ver as coisas metaforicamente. Fiz uma pausa por um momento e contemplei toda nossa conversa. O educador em mim queria muito localizar o cerne da Teoria de Pfaff – a sua aplicação prática ao mundo da pesquisa sobre atenção.

"Eu poderia fazer uma metáfora relacionada com a compreensão de empatia" - eu ri.

"Como seria?" - indagou Pfaff.

"Eu a compararia com o *biofeedback*."

Pfaff concordou. "Sim, sim" - disse ele. "Penso que isso é legítimo."

Lembrei-me das palavras do meu *sensei*, "Pare de pensar e preste atenção". Muito de prestar atenção, sugerido pelo meu *sensei* há muito tempo, tem a ver com estar suficientemente motivado para apenas visualizar e escutar o mar de informações que é sua vida e depois realizar previsões sobre onde você pode ser levado, em função do que e onde você pensa, sente e age e depois simplesmente optar pelo melhor caminho e escolher de acordo.

Feedback, pensei – bioquímico, emocional, elétrico, sensorial – trata-se tudo de *feedback* e atenção e intervenção. Trata-se de prestar atenção ao "conteúdo" que é sua mente, que é você. Escolha, pensei, baseada em visão e previsibilidade; o poder de desevencilhar-se de condicionamento, o poder de ser quem você finalmente quer ser. O poder de ser você.

Antes de encerrar nossa conversa, fiz uma última pergunta a Pfaff.

"Então" - indaguei - "Se você quiser reconstruir um comportamento, uma ponderação atenta seria um bom lugar para começar, não é?"

Houve um momento de silêncio enquanto eu esperava por uma resposta desse notável pensador que vem estudando o cérebro e o comportamento há mais de trinta anos e que é, sem sombra de dúvida, um dos mais influentes cientistas do nosso tempo. Aqui, ao término da minha jornada, buscava mais uma luz, mais uma concordância para ajudar a conectar o que emergiu nas páginas desta obra como uma ligação direta que atravessa milênios da civilização antiga das artes holísticas para as conversações sinápticas celulares na fronteira da neurologia.

"Sim" - Pfaff disse. "O conceito de ponderação e atenção é legítimo."

5
ALÉM DAS ANTIGAS CRENÇAS

Quando um olho está fixado em seu destino, só
sobra um olho para encontrar o caminho.

– Anônimo

ALGUNS PONTOS DE REFERÊNCIA NA PESQUISA DE ATENÇÃO

Já em 1890, William James, talvez o mais renomado dos primeiros psicólogos, falava a respeito de atenção como um processo mental interno que o mantém alerta e o ajuda a esclarecer uma informação específica ou um grupo de informações. A concentração, de acordo com James, era um mecanismo de atenção que poderia ampliar-se ou estreitar-se conforme a necessidade. Em seu renomado texto, *Princípios da psicologia,* James argumentou que a atenção é primordial para julgamento, personalidade e desejo.[1]

Historicamente, esses mesmos princípios também têm sido os elementos centrais no treinamento das artes marciais e de outras artes meditativas por mais de três mil anos. Nesse sentido, pode-se imaginar que não houve muitas mudanças, especialmente em relação a compreender a atenção humana. Contudo, o que mudou na nossa compreensão foi a direção das pesquisas com atenção e como ela pode nos afetar. Vamos dar uma olhada.

Em 1929, Hans Berger inventou o eletroencefalograma ou EEG. Empregando o EEG, ele foi o primeiro a descrever diferentes ondas presentes no cérebro.[2] Atualmente, os EEG são utilizados no diagnóstico de uma variedade de estados e doenças neurológicas e se tornaram importantes na pesquisa de atenção, especialmente para fornecer uma variedade de opções de tratamento, assim como a autorregulação.

Em 1935, John Ridley Stroop publicou uma ideia que ficou conhecida como o "Efeito Stroop". Desde então, a descoberta tem sido uma das mais intrigantes pesquisas da Psicologia. Stroop percebeu que as reações das pessoas eram mais lentas e que elas cometiam mais erros quando solicitadas a identificar palavras impressas em cores divergentes do seu verdadeiro significado; por exemplo, a palavra *amarela* aparecendo em tinta vermelha.[3] O que foi significativo a respeito de sua descoberta é que ele demonstrou como a informação que é irrelevante para uma tarefa específica pode, de fato, ter grande influência no desempenho, resultando no sucesso ou no fracasso dessa tarefa.

Em 1946, a primeira ressonância magnética nuclear bem-sucedida foi realizada.[4] Essas experiências finalmente resultaram na descoberta, em 1977, da imagem por ressonância magnética, pelo doutor Raymond V. Damadian, professor da State University de Nova York, Brooklyn.[5] Os cientistas insistem que a MRI tem sido de suma importância para identificar onde determinados circuitos de atenção estão localizados no cérebro, assim como de que maneira e quando eles entram em ação.

Em 1953, o psicólogo Colin Cherry descobriu o que ele denominou de *The Cocktail Party Effect*[6] (o efeito coquetel). Esse efeito, conforme mencionado no Capítulo 1, descreve a habilidade de focar o ouvido em um único locutor em uma sala cheia de conversas e de prestar atenção em informação seletiva.

Em 1958, o psicólogo inglês Donald E. Broadbent alcançou enorme abrangência no campo da atenção com sua publicação *Percepção e comunicação,* que levou o mundo de processamento de informação mais profundamente para dentro dos domínios do "processamento mental não observável".[7] Broadbent trouxe avanços significativos para as pesquisas de atenção, incluindo mais ênfase no processamento de informações e as funções de atenção seletiva.

Broadbent e Cherry essencialmente alteraram o tradicional pensamento da mente que era vista como um tipo de painel de comando ativado por informações para percebê-la como um processador de informação capaz de sua própria seletividade e tomada de decisões executivas. E, claramente, todo esse movimento de descoberta alimentou pesquisas posteriores referentes à possibilidade de autorregulação.

Explorando mais profundamente o conceito de processamento de informação, a psicóloga Anne Treisman, ícone no mundo da psicologia cognitiva e pesquisa de atenção, e James S. McDonnell, emérito professor de Psicologia da Universidade de Princeton, publicaram a teoria dela de Integração Futura, que também debateu e aperfeiçoou a perspectiva de processamento de informação. Em 1980, ela "demonstrou, empregando o processo da busca por alvos visuais, que a visão precoce codifica características simples em 'mapas característicos' distintos e que a atenção espacial focal os integra em uma percepção unificada".[8] O psicólogo da Universidade de Louisville, Wood Petry, fornece um grande exemplo da teoria de Treisman: "Sua teoria explica por que vemos um carro esportivo vermelho passando por nós em vez de uma coleção de diferentes características como a cor vermelha, uma forma em movimento, e assim por diante".[9]

As pesquisas de Treisman continuam a abrir novas fronteiras em relação à natureza e aos limites da percepção humana, o processamento de informação e o condicionamento*– abrindo o caminho para grande quantidade de pesquisas sobre atenção.[10]

Atualmente, como a maior parte das informações compartilhadas neste livro sugeriram, a ênfase em relação às pesquisas de atenção moveu-se na direção de como e por que nosso mecanismo de atenção funciona da maneira que funciona, o que mais pode ser feito com ele e por que de tempos em tempos nosso mecanismo de atenção falha. Adicionalmente, tem havido crescente interesse em como a atenção pode ser fortalecida por meio de autorregulação, particularmente nas areas de autoconsciência, controle emocional, motivação e estabelecimento de metas.

Importante descoberta dentro da minha jornada tem sido a de que não há apenas um tipo de atenção. Então, não é justo afirmar que você tem ou não uma boa atenção ou que sua atenção é deficitária ou não.

---

* Condicionamento refere-se ao *priming*, conforme definido no Capítulo 3. (N.T.)

De fato, à medida que passamos de uma tarefa diária para outra, todos somos momentaneamente deficientes de alguma maneira. Uma esmagadora quantidade de pesquisas sugere que há simplesmente um número excessivo de variáveis, e nenhum componente da atenção pode ser simplesmente ligado, permitindo que você afirmasse que *aqui encontra-se uma boa atenção,* ou desligá-lo e afirmar *aqui não se encontra uma boa atenção.*

Outra importante descoberta relatada neste livro é a de que coisas podem infiltrar-se no seu campo de atenção sem que você saiba, e esses itens podem ter grande impacto no que você pensa, sente e em como você age. Mais do que isso, elas podem sequestrar sua atenção, por assim dizer, a velocidades tão inimaginariamente altas, que podemos acreditar que estamos tomando nossas próprias decisões, como foi demonstrado na fascinante experiência de Wheeler, com objetos de negócios, mesmo quando de fato, nos é dito que outra coisa pode estar nos influenciando. E então a questão é a seguinte: o que fazemos contra isso?

Contudo, grande quantidade de pesquisas atuais, sugere que podemos ter alguma participação a respeito do que e como prestamos atenção. Nesse sentido, eu estou mais intrigado pelas explorações nos domínios da autorregulação. No final das contas, creio que sua capacidade de autorregulação é o que lhe torna livre para ser verdadeiramente você, e a mim para ser o meu verdadeiro "eu". Sem a capacidade de autorregulação, de certa maneira, o momento em que nos encontramos (a maneira como o vivenciamos, nosso potencial para o sucesso, o prazer de que nós derivamos) – todos estes se encontram em um sistema de orientação no qual possuímos pouca ou nenhuma influência. E esse sistema de orientação pode orquestrar tudo, desde seus pensamentos, sentimentos, saúde e relacionamentos, a todas as suas tarefas diárias.

Ter consciência neste mundo é como ser uma criança livre em um universo de oportunidades. Portanto, é essencial o ato de uma escolha consciente. Entre milhões de informações que competem para sua atenção dentro de cada segundo da vida, você tem o poder de escolha. E, nesse exato momento, algo dentro do mundo da consciência se une com algo dentro do mundo de carne e osso e torna-se vivo.

Para o futuro

Há uma necessidade importante de mais pesquisas não tendenciosas (imparciais) no campo do Transtorno do Déficit de Atenção e Hiperatividade (TDAH) e para a documentação ou para o registro de pesquisas que não asseveram a opinião de que estimulantes são uma maneira eficaz de tratamento do déficit de atenção. É um fato bem conhecido, por exemplo, que a esmagadora quantidade de financiamentos para pesquisas sobre TDAH é originária da própria indústria biofarmacêutica. Uma complicação adicional é que muitos patrocinadores podem acabar sendo os proprietários dos dados relatados nesses estudos. O fato é que os medicamentos estimulantes que estão sendo prescritos para pacientes acometidos por TDAH são medicamentos potentes. É importante lembrar que estimulantes são substâncias controladas, reguladas pela DEA (Drug Enforcement Agency, entidade do governo norte-americano que combate o uso de drogas) e, desse modo, exigem uma licença de narcóticos para ser prescritos. Consequentemente, pelo fato de TDAH ser um dos desvios comportamentais mais frequentemente diagnósticado em crianças, não surpreende que tem havido muita preocupação quanto ao emprego dessas drogas – assim como em relação ao próprio diagnóstico.

O TDAH, de acordo com a Associação Americana de Psicologia (APA), é caracterizada por níveis de desatenção persistentes e não apropriados, impulsividade e hiperatividade. Contudo, há boas evidências científicas que insistem que pode ser um erro interpretar esses sintomas como conclusivos de TDAH e exigir seu tratamento com medicações estimulantes. E isso é importante.

A doutora Lydia Furman, médica e professora assistente de Pediatria no Rainbow Babies e Children´s Hospital em Cleveland, está animada com relação ao futuro do TDAH em termos de seu diagnóstico, tratamento e pesquisa. Quando conversamos, ela compartilhou uma variedade de preocupações referentes à precisão dos diagnósticos de TDAH, assim como ressalvas sob medicamentos estimulantes frequentemente empregados no seu tratamento.

"Sim, há sintomas" - ela explicou - "hiperatividade, falta de atenção e impulsividade – sintomas muito importantes".[11]

Furman deixou claro que, desde o início, ela não afirmava que esses problemas não existiam ou que não fossem significativos. Minha impressão sobre dela é de que ela gosta de pensar bem a respeito das coisas antes de falar. Então, ela coloca seus pontos de vista de maneira atenciosa e apaixonada. Sua voz é gentil e amorosa, e sua filantropia é inspiradora. Ela é uma pessoa fácil de admirar.

"Em alguns casos" - ela disse - "uma criança pode ser normal e, mesmo assim, há uma ausência de tolerância e assistência do seu ambiente. Entretanto, claramente" - ela enfatizou - "há crianças que estão além do que seria esperado delas, dada suas idades, com esses problemas específicos. Acho que no que destoo do restante do grupo é que não concordo que [somente um rol de sintomas] definem uma doença."

A palavra operacional aqui é *doença*. Furman se referiu a inadequação dos *checklists* no TDAH. Se você nunca viu um desses, poderá diligentemente pesquisar no Google vários exemplos e verificar um deles por si mesmo. Há uma grande ironia aqui. A série de "problemas" relacionados em esses *checklists* poderia ser aplicada de modo intercambiável em relação a muitos dos melhores – assim como dos piores – alunos que ensinei ao longo dos anos, mas o que realmente chamou minha atenção é que alguns dos alunos mais talentosos que jamais participaram das minhas aulas poderiam talvez ter sido diagnosticados com TDAH com base nos critérios presentes nesses questionários.

O problema, de acordo com Furman, é "que há crianças que poderiam ser incluídas nos critérios dessa 'doença' que na verdade possuem uma condição* que necessitava ser tratada e que teria sido completamente ignorada se elas estivessem recebendo medicamentos estimulantes." Esse fato abriu meus olhos. A maioria das pessoas com quem eu discuto questões que envolvem déficit de atenção se preocupam se um indivíduo sofre ou não dessa doença, mas a Furman acrescentou outro pensamento nesta mistura. Isto é: pode de fato haver algo mais importante ocorrendo com

* Tradução livre de 'condition' ou um estado de saúde geralmente defeituoso. (N. T.)

muitos indivíduos diagnosticados com TDAH – e *isso* não está sendo tratado. Por exemplo, ela explicou: "Crianças que possuem um grave problema de aprendizado ou que têm limitações cognitivas, às vezes crianças com algum talento natural, que sofreram abusos – há muitos motivos pelos quais uma criança pode apresentar essa condição. Contudo, se você, por exemplo, não tratar dos seus problemas educacionais, se não cuidar de suas ansiedades, se não removê-las dos seus ambientes inseguros, sim elas podem até – brevemente – aparentar uma melhora sob medicação, mas você não as estará ajudando".

Esses eram pensamentos convincentes. Eles me fizeram levar em consideração todo o potencial desperdiçado que poderia resultar de um diagnóstico errôneo – e novamente, e se a criança fosse talentosa? O que acontece com esses talentos quando não são reconhecidos, não são estimulados e não são recompensados? Perguntei-me, é o destino desses talentos se transformar em problemas? E se esse for o caso, que lástima. E o que fazer em relação aos transtornos emocionais ou sociais ou às necessidades educacionais não atendidas? O que ocorre quando estes criam raízes, quando semanas se transformam em meses e meses tornam-se anos? Essas eram questões espinhosas, pensei, e nos tornariam muito mais cautelosos em relação ao tratamento de TDAH por meio de drogas.

Grande quantidade de pesquisas e artigos ecoa essas preocupações. Em 1999, O Instituto Nacional para Saúde Mental (National Institute for Menthal Health - NIMH) publicou impressionante pesquisa, de três anos de duração, entitulada *Um estudo de um tratamento multimodal para crianças com TDAH.* O que é muito interessante é o fato de o estudo ter sido financiado pelo governo com o propósito de analisar o efeito de medicamentos estimulantes em crianças que foram diagnosticadas com TDAH. Esse estudo empregou quatro grupos de crianças; um grupo recebeu medicamentos, outro foi administrado com medicamentos mais uma intervenção na forma de um programa comportamental, o terceiro grupo recebeu uma intervenção na forma de assistência social, e o quarto apenas recebeu o tratamento comportamental. Após 14 meses, dos quatro grupos, o que tinha as crianças que foram medicadas apresentou os melhores resultados. Depois os quatro grupos foram divididos no que denominamos subgrupos naturalistas – em outras palavras, a pesquisa deixaria de controlar que tratamento eles receberiam. **Ao término dos três anos, os resultados demonstraram que o recebimento da medicação estimulante foi um marcador para a deterioração comportamental.**

Comentando essa descoberta, Furman explicou que "não foi graças a uma variedade de coisas que alguém presumiria, como por exemplo se as crianças estavam recebendo ou não a medicação – uma variedade de coisas das quais você pudesse afirmar 'bem, isso explica tudo'". Ela pensou por um momento e então continuou: "Acho que foi uma pesquisa importante e que não foi muito discutida na mídia porque não assegura o ponto de vista de que estimulantes são um tratamento eficiente. Portanto, acredito que há evidências científicas referentes aos tratamentos de TDAH que estão sendo administrados, mas não há muita propaganda a respeito."

Após conversar com a doutora Furman, passei muito tempo revisando mais artigos sobre os tratamentos não medicinais de TDAH, encontrando uma quantidade considerável deles, mas, como ela já havia sugerido, não foi feita muita propaganda de nenhum.

De interesse, porém, foi uma pesquisa conduzida pela doutora Rosemary Tannock, professora assistente de Psiquiatria na Universidade de Ontário, que relata que os sintomas de TDAH exibem marcante sobreposição com outras moléstias assim como as inaptidões referentes à capacidade de leitura e outras moléstias relacionadas com comunicação e idiomas.[12] Tannock é uma cientista veterana no Programa de Pesquisa do Cérebro e de Comportamento no Instituto de Pesquisa no Hospital para Crianças Doentes, em Toronto. Ela adicionalmente descobriu em estudos posteriores que a ansiedade pode interferir com o eficiente uso de estimulantes para crianças.

O problema com mencionadas sobreposições, Furman observa, é que elas podem dificultar a diferenciação de uma criança que apresenta falta de atenção por causa de motivos emocionais ou fisiológicos com uma criança que tem inabilidade de leitura/idioma ou outro problema educacional.

Assim, Furman argumenta que os "medicamentos estimulantes provavelmente serão incapazes de ajudar uma criança no longo ou mesmo no curto prazo porque eles não tratam o que está por trás dos sintomas da criança".

Há uma vasta documentação que sustenta que problemas de atenção podem ser resultantes de experiências sociais ou emocionais assim como de outros fatores. Imagine um jovem menino voltando para casa da escola, que é abordado por meia dúzia de outros garotos que o ameaçam e roubam seu novo X-Box. Ao retornar à sala de aula, sua atenção estará em todos os lugares menos no seu trabalho escolar, compreensivelmente saltando de um lugar a outro como "um espeto na chapa" - como um psicólogo uma vez me descreveu. O jovem garoto, agora hiperatento por ter sido ameaçado, sente uma repentina manifestação de temor escorrendo ao longo da via baixa através de sua amígdala, iniciando a necessidade de lutar-ou-fugir que direciona sua atenção para longe do seu trabalho. O tempo passa e ele perde uma sequência de aulas, resultando em uma deficiência de compreensão de conceitos sob os quais outros conceitos são desenvolvidos. Ele fica perdido. Rapidamente, toda a experiência tem o efeito de uma crescente bola de neve. Por fim, e com frequência, esse garoto é aconselhado a visitar um pediatra acompanhado por reclamações de que ele tem dificuldades de prestar atenção ou que sua mente está sempre vagueando ou que ele não consegue se concentrar por muito tempo ou que tem um problema comportamental, e então vem o apelo para a medicação.

Contudo para Lydia Furman estímulos internos e externos causadores de estresse podem ter influência muito grande no direcionamento da atenção. Ela enfatiza: "Acho que a mensagem que desejo transmitir é a de que uma criança que tem sintomas de falta de atenção, hiperatividade-impulsividade, precisa ser examinada".

Por quê? Porque há excesso de variáveis que podem ter uma influência sobre a falta de atenção – uma ideia que está presente no cerne desta obra – independentemente de você estar falando a respeito do diagnóstico de TDAH ou de uma desatenção em geral. Consequentemente, o mais importante para um eficiente tratamento e/ou treinamento da atenção é a compreensão que se deve ter de onde, quando, como e por que as coisas podem dar errado assim como podem dar certo em relação ao nosso mecanismo de atenção.

"Essas crianças necessitam de uma avaliação educacional *e* psicológica" - insiste a doutora Furman. "E, na minha opinião, tratamento com medicamentos estimulantes são essencialmente irrelevantes."

Eu pedi que ela comentasse suas esperanças em relação ao futuro. Sem perder tempo, como se já tivesse pensado várias vezes no passado a respeito dessa questão, ela acrescentou: "Eu espero que em vez de seguir em frente às cegas, tentando criar uma base biológica, genética e neurológica para TDAH, tenhamos mais pessoas que 'acionarão os freios'" e digam, vamos tentar abordar a questão de maneira mais ampla. Vamos analisar TDAH caso a caso. Tentar analisar quais fatores emocionais, pessoais e de desenvolvimento estão presentes em cada criança. Então, eu penso em parar de avançar com o carro. Pare, saia e olhe para ele".

Apresentamos o doutor Michael Posner, ícone em relação às pesquisas sobre atenção, cujo entrelaçamento do desenvolvimento cognitivo, emocional, físico e comportamental, para crianças e adultos, oferece ampla gama de alternativas para falta de atenção no lugar do tratamento com medicamentos estimulantes. Pesquisas realizadas pela doutora Leanne Tamm (professora assistente de Psiquiatria do Centro Médico Southern, em Austin), Posner e outros colegas, demonstraram significativas melhoras na atenção por meio do emprego de materiais, especificamente elaborados para o treinamento de atenção, especialmente para o aperfeiçoamento do controle da ação executiva.

O treinamento elaborado por Posner coloca muita ênfase na autorregulação, particularmente nas áreas de antecipação/previsão e na seleção das escolhas de respostas. Ele então promove seus participantes para regiões mais complexas da memória e em como lidar com informações conflitantes por meio do bloqueio de informações irrelevantes. Tamm relata que: "A Implementação do Treinamento de atenção com crianças que correm o risco de ter problemas com atenção e problemas comportamentais pode prevenir ou deter deficiências de atenção".[13] Portanto, esse tipo de treinamento de atenção é visto como capaz de ajudar crianças sadias, assim como aquelas que têm uma variedade de moléstias relacionadas com o desenvolvimento que influenciam a autorregulação.

Significativa quantidade de literatura dedicou-se à identificação e à discussão desses programas. Para Tamm, Posner e seus colegas, parece haver ampla gama de intervenções não medicamentosas. Ela inclui atividades que vão desde tarefas que se assemelham a jogos de computador até videogames e até mesmo a iniciativas psicossociais, como grupos de pais, em que estes aprendem como empregar técnicas precoces de intervenção e prevenção para crianças que apresentam problemas de atenção e que ainda não estão em idade escolar. A maior parte dos currículos inclui estratégias de como ser pais que (em parte) elogiam e dão atenção, recompensam e empregam afirmações "quando fizer isso - então conseguirá aquilo", formas de solucionar problemas e vasta gama de outras habilidades que têm o propósito de ajudar a criança a obter maior e melhor controle.[14]

Posner insiste que sua marca de treinamento de atenção vem obtendo sucesso na melhora da atenção em adultos sadios e em crianças com TDAH. "A atenção executiva e um esforço para ter controle [atenção, mudança de concentração, controle inibitório] são fundamentais para obter sucesso na escola" – observa Posner. Considerando se algum dia estes serão ensinados na pré-escola, ele afirma: "Parece razoável acreditar que sim, para certificar-se que todas as crianças estejam prontas para aprender". É claro, ele alerta: "pesquisas adicionais serão necessárias para determinar como e quando".[15]

Apesar das descobertas espetaculares da neurologia nos últimos anos, claramente, há mais por vir. Às vezes, como pode ser o caso com TDAH, alguns dos surpreendentes avanços tecnológicos até aqui têm provado ser mais ilustres do que a verdade na quantidade de clareza que eles têm sido capazes de fornecer para explicar completamente problemas, tais como TDAH. Entretanto, é minha crença de que tecnologia e investigações juntas levarão a vários avanços novos na pesquisa de atenção.

Mais pesquisas serão necessárias no campo da autorregulação, particularmente nas áreas de interesse, motivação, processamento de informações e condicionamento já mencionadas nesta obra. Pesquisas já sugerem que a autorregulação de sua cadeia de comando de atenção pode ser mais eficiente que qualquer medicação ou diagnóstico subjacente em relação a se prestamos ou não atenção. De fato, a autorregulação pode encurtar as distâncias entre os campos de modificação comportamental e as áreas de psicologia cognitiva, neurologia e biologia – um processo, que eu tenho prazer de relatar, que tem sido o fundamento da maioria das artes holísticas desde seu início.

Eu firmemente acredito que quanto mais você compreende o que se passa na própria mente à medida que progride de um a outro momento de sua existência, mais significativa, autêntica e feliz será a vida que você criará. Qualquer que seja a forma de comunicação que chama mais sua atenção – das ciências, das artes, ou ambas (minha escolha) – é minha esperança que você encontre maneiras de viver de modo intenso, virtuoso e satisfatório como resultado. Desejo que os conceitos compartilhados nesta obra possam ajudá-lo.

Uma palavra final

O excitante campo da pesquisa sobre atenção cresceu drasticamente da década de 1890 até hoje. As tendências das pesquisas sugerem que há grande potencial para muitas outras excitantes descobertas a serem feitas nos próximos anos. Mencionados avanços em teoria são melhores se permanecem a cargo dos especialistas, mas as oportunidades de se beneficiar deles ficam a cargo de qualquer pessoa ou de todas as pessoas interessadas.

Graças à grande quantidade de pesquisas nos campos da psicologia, neurologia, *biofeedback*, biologia e medicina, assim como nas artes marciais, que resistiram aos testes de milênios, uma compreensão altamente prática do que é atenção – suas capacidades e o fato de ela poder ser treinada – já foi estabelecida e iluminará nossos caminhos no futuro.

Talvez um dos mais importantes entendimentos que tenha surgido de toda esta pesquisa é este: nós podemos, com um bom grau de certeza, ativamente escolher participar em encararmos o que é importante em nossas vidas e como isso contribuirá para o bem-estar de tudo o que tocamos. Isso é importante porque nos dá uma voz (e responsabilidade) em nosso destino e no destino de outras pessoas. Isso nos ajuda a aproveitar ao máximo o nosso presente, a pintar nosso futuro com aspirações e a editar nosso passado.

Uma de minhas alunas recentemente me contou que ela havia feito algo em uma de suas aulas na faculdade que acreditava que arruinaria seu relacionamento com o professor para o resto do semestre. Nessa mesma linha, um amigo comentou, após descobrir que eu estava escrevendo um livro a respeito das semelhanças entre pesquisas com células-tronco, Neurologia e Psicologia: "Você não vai começar a nos contar que não há nenhuma esperança para nós, vai?" Ele expressou isso baseado no seu temor de que a ciência lhe contaria que todos somos simplesmente escravos de um padrão preestabelecido de estímulos químicos e elétricos.

"É exatamente o oposto" - eu disse. "Minha mensagem é que você, eu, cada um de nós tem uma escolha." Uma das mais importantes descobertas desta obra, de fato, foi a de que todos estamos programados para participar no que acontece conosco. Se minha aluna, por exemplo, escolher não prestar atenção ao que ocorreu com seu professor, então sim, há realmente uma possibilidade que seu problema perdurará por todo o semestre. Entretanto, ela poderia pensar em maneiras de melhorar procedimentos que deram errado no seu relacionamento com seu professor, corrigi-los para que não ocorram novamente e, refletidamente, produzir um novo procedimento capaz de desencadear uma resposta diferente de seu professor (em uma maneira que pode ser compreendida como não tendenciosa). Ela poderá ter uma participação em como será o restante do seu semestre – se ela desejar escolher que seja assim.

Minha jornada em relação à atenção humana me deixou mais convencido do que nunca de que podemos estabelecer maior posse assim como uma direção para nossas vidas. Então, minha próxima mensagem é: seja atento. E não vou lhe dizer que isso é fácil. Ter atenção é trabalhoso. Todavia, isso pode lhe dar o controle que você busca, em vez de abandonar seu destino para a multidão de circuitos e substâncias químicas que são tão parte de sua realidade quanto seus desejos mais íntimos.

Consequentemente, não há dúvida de que algumas das mais promissoras pesquisas a serem feitas serão nos campos de autorregulação. Porque, no final das contas, não é disto que estamos tratando – visualizar e compreender seu lado mais íntimo, tornar-se a pessoa que você nasceu para ser, sentir-se livre, confiante e feliz?

Sempre acreditei que uma das maiores dádivas que você pode devolver ao mundo em troca de consciência é a voz completamente desenvolvida da sua singular consciência - a dádiva de si mesmo. *Posso ter sua atenção?* começou com as primeiras centelhas dessa ideia, na dança espontânea e inocente de uma pequena menina ainda nas noites de estreia de sua vida. E independentemente de onde esta jornada parou ao longo do caminho, cada passo – de uma maneira ou de outra – retornou para a noção de si mesmo. Para minha filha, Isabella, a vida é de fato um palco, e ela é tanto uma dançarina quanto coreógrafa, assim como todos nós somos.

Com esse espírito em mente, incluí como um epílogo para minha obra *Posso ter sua atenção?* uma série de estratégias que você poderá utilizar para ajudar a moldar e melhorar a própria atenção, com a esperança de que você possa ter sucessos renovados em todos os aspectos da vida diária.

Epílogo
UM MANUAL DO USUÁRIO PARA UMA ATENÇÃO EFICIENTE E VELOZ

Quando a atenção é alcançada, o "eu" da pessoa é capaz de ver o que está ocorrendo no corpo, nas emoções e na mente sem reagir. Em vez disso, o "eu" age da maneira que aparentar ser útil pela ótica transpessoal, o que em Zen é denominado o ponto de vista do Verdadeiro Eu.

- E. Green e K.S. Ozawkie

Uma viagem ao shopping center

Veja quantos conceitos de atenção você pode pôr em prática na seguinte situação: Imagine-se caminhando através do um shopping com seu/sua parceiro/a. Ele ou ela está falando e você está escutando. Simultaneamente, você está sendo bombardeado com milhões de *bits* de informações que exigem sua atenção. Você pode, a qualquer momento, selecionar algumas destas e descartar o resto. Avisos em neon com os nomes de lojas lançam uma coleção de cores no meio do caminho, e mercadorias nas vitrines de lojas bem iluminadas refletem nos cantos dos seus olhos. O centro auditivo do seu cérebro lhe informa a música tocando no segundo plano à medida que você caminha através de uma praça de alimentação, que de acordo com seus centros olfativos, deixou o ar adocicado com coisas desde de uma fritada (stir fry) japonesa até um pão quente com canela. Você vê alguém dar uma mordida em um *pretzel* que acabou de ser feito e observa sua própria boca se enchendo de saliva como se você recentemente o tivesse mordido. Seu/Sua parceiro/a lhe faz uma pergunta. Seus pensamentos repentinamente ficam mais aguçados à medida que você pondera o que irá dizer. Você responde. Agora seu/sua parceiro/a está falando novamente. Você desloca sua atenção para sua voz e linguagem corporal, que faz com que você perceba que a indagação foi respondida satisfatoriamente. Você percebe que a reação do seu/sua parceiro/a à sua resposta faz com que se sinta bem.

À medida que você continua caminhando, você passa por fluxos de pessoas vestidas das maneiras mais interessantes. Inesperadamente uma destas pessoas parece familiar. Por um instante, você pensa que é alguém do trabalho. Sua amígdala começa a conversar, em pequenas ondas de choque, para que você saiba que algo não vai bem. Você se dá conta que realmente não quer encontrar esta pessoa no seu momento de folga. Sua tensão escala significativamente. Sua concentração torna-se mais focada e você analisa a pessoa mais cuidadosamente. Caramba, você pensa, *apenas mais um caso de identidade equivocada.* Em alguns minutos, a descarga de adrenalina que você sentiu desaparece fazendo-lhe sentir mais calmo. Você solicita ao seu/sua parceiro/a que repita a última coisa que ele/a disse antes de você ter ficado ansioso e dado tanta atenção à pessoa que você pensou ser conhecida que você não prestou atenção ao que seu/sua parceiro/a estava dizendo. Seu/sua parceiro/a retrocede e começa novamente. Simultaneamente, sua atenção flui para um casal caminhando de mãos dadas. Você captura parte de sua conversa e depois a abandona em troca de um cheiro de perfume sendo exibido próximo de você, que momentaneamente transporta sua mente alguns anos para trás, para alguém que você costumava conhecer, e ao mesmo tempo você está procurando pelo corredor que o levará a uma determinada loja que você esperançosamente espera que tenha um produto que você quer comprar.

Você vai e volta da conversa que está tendo com seu/sua parceiro/a mantendo seu olho concentrado na loja que procura, e que você sabe que está próximo de uma das lojas de velas – e, a propósito, seus centros olfativos já estão enviando-lhe mensagens de velas com cheiros de baunilha e lavanda. Você se lembra de um logotipo acima da janela dianteira da loja de velas. Você vê a loja que procura. Uma vez dentro do estabelecimento que buscava, sua concentração torna-se mais focada conforme você determina o corredor que terá o item que você quer comprar. Sua concentração torna-se ainda mais focada à medida que você procura entre vários produtos. Quando você encontra a mercadoria que deseja, você percebe que há duas versões, uma genérica e outra de marca. Você pega ambas e começa a ler os rótulos. Sua concentração torna-se ainda mais intensa. À medida que você lê, você experimenta um déjà vu – em outro momento, em outro local – onde você encontrava-se frente à mesma decisão, de comprar o genérico ou o produto de marca. Você se lembra de ter comprado o genérico, para economizar um pouco, e de descobrir que não estava muito satisfeito com os resultados. Você também se lembra de um amigo que lhe confidenciou que ele vinha usando o mesmo produto e sempre achou que o de marca era melhor. Você novamente olha para os rótulos e finalmente escolhe o produto de marca. Quase que imediatamente sua concentração torna-se mais ampla conforme você se encaminha para o caixa e paga pelo produto.

De certa maneira, esta parte de sua jornada poderia ser descrita como se estivesse no piloto automático. Você está repentinamente abrindo seu foco para sua captação mais ampla para absorver tantos locais e sons quanto forem possíveis, e ao mesmo tempo alterando sua atenção para manter uma conversação com seu/sua parceiro/a. Você se encaminha para deixar o shopping center com este estado mental, determinadas vitrines chamando sua atenção como pontos de referência sinalizando para virar à direita aqui, à esquerda lá. Quando você chega no estacionamento, um grande caminhão azul estacionado no final de uma determinada fileira de vagas chama sua atenção. Você repentinamente sabe que deve ingressar nesta fileira porque é nela que você estacionou seu carro. Você está ciente que procura por um Honda prata. Você não pensa muito a respeito até achar que viu um automóvel desse modelo e cor. Seu concentração repentinamente torna-se mais focada. Entretanto, quando você procura por um adesivo específico na janela traseira, você percebe que ele não se encontra lá. Você conclui que trata-se do carro errado. Você novamente amplia o foco de sua atenção, e quando você localiza outro Honda prata, você novamente procura pelo adesivo, e desta vez ele está lá. Você pensa, *este é meu carro,* e está correto.

Pesquisadores de atenção podem examinar cada estágio deste relato de uma simples ida ao shopping e desmembrar fisiologicamente, neurologicamente e biologicamente muito do que você está encontrando. De fato, a moderna neurociência poderia fornecer imagens de vários centros no cérebro disparando em milissegundos conforme informações concorrentes batalham para obter sua atenção e a sua concentração move-se de uma para outra coisa. Contudo, a boa notícia é que você não necessita de um PhD para começar a compreender o que está se passando dentro de sua própria cabeça. Com os conceitos básicos apropriados você também pode começar a desvendar alguns dos mistérios relacionados com os funcionamentos internos de sua atenção.

Neste ponto, você provavelmente pode identificar muitos componentes de atenção no cenário que acabamos de mostrar assim como ver as contribuições funcionais e não funcionais de cada um para a experiência. De posse destes princípios básicos – e de uma variedade de técnicas para autorregulação – você deve ser capaz de obter grandes progressos no treinamento de sua atenção. Vamos analisar algumas destas técnicas.

Fique próximo do centro

Realisticamente, você pode prestar a atenção em qualquer coisa que desejar, e como já vimos, raramente faltarão detalhes dentre os quais escolher.

Confúcio defendia que para escolher bem, "Você deve permanecer próximo ao centro". Caso contrário, suas ações, independentemente do quão espetaculares forem, correm o risco de serem irrelevantes ou, pior ainda, serem disfuncionais. Então, no pensamento Oriental, estar centrado vem antes de agir.

Assim sendo, seu primeiro ato de autorregulação é colocar a soma dos seus recursos cognitivos em si mesmo. Não importa se você crê que dentro do perímetro deste lugar especial se encontra a mais íntima representação de sua personalidade ou se representa sua fonte mais pura de consciência ou se é, de fato, o âmago de sua alma. O que importa é que você viva tanto quanto for possível desse vértice, selecionando que coisas do seu ambiente você quer integrar com outras formas de informações que você tenha armazenado na sua memória (emocional, bioquímica, e processual) à medida que você cria os procedimentos que o ajudarão a alcançar suas metas de vida.

Xin-Yi

Há outra forma para pensar sobre o centro. Em Chinês, o termo *Xin-Yi* significa *coração-mente* e é um conceito central nas artes marciais e no treinamento da consciência. Os antigos mestres acreditavam que *Xin-Yi* era uma inspiração poderosa e é talvez um dos mais cobiçados estados mentais que você pode obter. Funciona da seguinte forma: por meio do direcionamento de sua atenção para Xin (consciência do seu coração), você sente – torna-se consciente – do que no momento é mais importante e natural para você. *A consciência do coração* se refere ao que você verdadeiramente carrega em si mesmo, e não o que os outros fatores do ambiente desejam para você. Então, você deve ter cuidado e por meio de ponderação, não ter pressa, olhar para seu lado mais íntimo e ter a certeza daquilo que quer (e ser certeiro). Yi (intenção) é o poder da mente de direcionar energia – empregando o poder de raciocínio da mente para colocá-lo na direção daquilo que deseja. O ideia por trás de Xin-Yi é que quando você finalmente entra em ação, você se origina de um local de coração – mente. Observa que esta palavra possui um hífen, significando unificado, e não separado em coração *e* mente. Com a prática, o Xin-Yi torna-se automático.

Empregando estratégias para treinar a atenção

Cada estratégia de autorregulação fornecida nesta seção foi elaborada para ser empregada como uma intervenção regulatória que pode ser usada em uma ampla gama de situações. Repetição é a característica do treinamento de atenção. A repetição de qualquer uma destas estratégias ou algumas das suas criações próprias integrarão seu processamento consciente e automático. Seja flexível e criativo ao adaptar estratégias para que sirvam nas suas próprias experiências. Uma vez acrescentadas à sua memória de longo prazo, você será capaz de continuamente acessá-las como procedimentos. Permita a customização de quaisquer estratégias para metas novas. De acordo com as palavras da doutora Deirdre V. Lovecky, diretora do Gifted Resource Center da Nova Inglaterra, assim como pesquisadora e escritora, "a velocidade não é tão importante quanto chegar lá." A doutora Lovecky compartilhou este pensamento comigo no início de minha jornada na direção da atenção humana. Seu conselho fez com que eu me lembrasse de algo que meu *sensei* costumava enfatizar há tanto tempo atrás: "Qual é a vantagem de velocidade se você está fazendo coisas que são prejudiciais?" ele costumava perguntar. "Concentre-se em acertar sua técnica e treine isso. A velocidade virá depois, mas virá." E sempre permaneça próximo do centro.

Estratégia para uma autoexploração

Experimente esta exploração, de três passos, rápida e fácil da próxima vez que você for abordar qualquer meta. Ela pode funcionar antes ou até mesmo durante tarefas diárias.

Primeiro Passo. Concentre toda sua atenção sob si mesmo. Então faça as seguintes perguntas:

- **Onde me encontro neste momento?** Identifique seu meio ambiente.
- **O que eu desejo obter da situação?** Identifique suas metas de acordo com sua importância.
- **O que eu devo obter da situação?** Leve em consideração o que você sente que deve obter da situação. Então, examine se isto difere dos seus desejos e como estes funcionam para modificar seus comportamentos.
- **O que eu fiz em situações semelhantes no passado?** Identifique suas ações passadas.
- **Eu quero me comportar diferentemente?** Identifique quaisquer comportamentos que você não deseja repetir.
- **Se sim, como?** Identifique como você pode evitar estas ações. Observe: Quaisquer procedimentos que você criar aqui irão, através de repetição, tornar-se hábitos, e deste ponto se tornarão automáticos em futuras experiências.

Segundo Passo: Contemple seu meio ambiente. Então, faça as seguintes perguntas:

- **O que outros esperam obter da situação?** Identifique e torne estes uma prioridade.
- **Que atenção o meu meio ambiente exige da situação?** Por exemplo, *Eu só posso falar quando é minha vez. Tenho que empregar uma linguagem profissional.*
- **Que informação deve ser ativada?** Por exemplo, *Pode ser mais vantajoso se eu me mantiver calmo neste ponto de uma conferência ou reunião, e se não fizer perguntas.*
- **Que informação deve ser inibida?** Você pode, por exemplo, inibir frustrações e informações impertinentes. Por exemplo, professores, executivos e outros podem ter de transmitir uma emoção que é inconsistente com que eles estão sentindo a fim de atingir suas metas. Um aluno pode estar extremamente motivado para ir bem na escola, mas se esta pessoa tiver um funcionamento inibitivo ineficiente, ele ou ela poderão não atingir a almejada meta. Se você estiver refletindo, pergunte-se, *Que distrações posso anticipar e consequentemente inibir quando elas se apresentarem?*

Terceiro Passo. Procure algo equivalente. Examine se a informação que você coletou está em sincronia com os comportamentos (sentimentos e ações) que você está produzindo (*outputting*). Caso eles estejam equivalentes, então não altere o que você está fazendo. Caso haja uma falta de sincronia, então faça os ajustes ou as correções necessárias. Observe: com repetições, toda esta estratégia pode tornar-se automática, liberando espaço no cérebro assim como preocupações previsíveis e fornecendo-lhe mais capacidade cognitiva para manter-se concentrado em outras coisas.

Estratégias para corrigir parcialidades observadas

Lembre-se que você tende a corrigir os viéses observados e de forma proporcional à intensidade do viés que você percebe. Contudo, lembre-se também que você tem a tendência de inclinar-se na direção da informações prejudiciais quando não as percebe como enviesadas ou quando as vê como confidenciais.

Você pode tentar corrigir parcialidades/viéses observados seguindo esta estratégia:

- Imagine-se tentando corrigir seu comportamento ao redor de uma determinada pessoa. Talvez há algo em relação a esta pessoa que torna-o realmente agressivo ou nervoso e você não quer mais comportar-se desta maneira.
- Faça com que você tenha ciência de que esta pessoa tem uma influência sobre você.
- Faça com que sua meta de corrigir seja algo importante e seja responsável pelo resultado desta.
- Então, procure descobrir quanta influência ele ou ela tem sobre você.
- Finalmente, tente corrigir isso para que você se comporte normalmente.

Observe: estes mesmos passos podem ser empregados para qualquer coisa que, de acordo com você, esteja influenciando seu comportamento de uma maneira que não lhe agrada. Empenhe-se ao máximo para ajustar na quantidade certa, tendo em mente que você poderá estar errado. De fato, mantendo sua mente atenta à possibilidade de erro o ajudará na sua avaliação de novas informações chegando à você, à medida que trabalha na direção de sua meta.

ESTRATÉGIAS PARA ESCUTAR O QUE SEUS HORMÔNIOS ESTÃO DIZENDO

Esta estratégia te pede para concentrar sua atenção na sua química corporal. Você pode fazer isto em plena ação por meio de pausas e de um rápido registro ou por meio de ponderações e meditações. A ideia é colocar sua atenção nos efeitos hormonais periféricos.

Primeira Estratégia: Sincronize a sua química corporal com metas eminentes. Concentre toda sua atenção sob si mesmo. Então, faça as seguintes perguntas:

- Onde eu estou neste momento?

- O que eu quero obter da situação?
- O que eu devo obter da situação?
- Que hormônios estão falando? O que eles estão falando?
- Como é que essa química corporal me afetou em situações semelhantes no passado?
- Quero mudar a forma como esta química corporal me afeta?
- Caso minha resposta seja sim, como?
- Caso minha química corporal esteja atrapalhando, pergunte o que você pode fazer para compensar e faça-o. Caso ela facilite o que você esteja fazendo, continue realizando sua atividade.

Segunda Estratégia: Obtenha uma serenidade mental. Experimente as seguintes atividades para incrementar a influência hormonal sobre a serenidade mental.

- Alimente-se apropriadamente e faça exercício físicos. Níveis baixos de serotonina e dopamina têm sido correlacionados com depressão, irritabilidade e ausência de concentração. Pesquisas demonstram que consumir refeições balanceadas com muitas proteínas, particularmente aquela presente em ovos, carnes e carboidratos complexos, tais como cereais integrais (pães, bolachas, e alimentos semelhantes), e lanches podem ajudar. Evite carboidratos simples tais como bolos, massas, pães brancos e doces. Exercícios físicos também são ótimos para aumentar significativamente seus níveis.
- Socialize. Aumente a intensidade de amizades e interações sociais.
- Aumente a intimidade. Parceiros podem incrementar toques, massagens e sexo. Estes são fantásticos para aumentar os níveis de ocitocina, serotonina e dopamina, assim como diminuir os níveis de hormônios relacionados com o estresse.

Terceira Estratégia. Empregue um sistema de autorrecompensa.

- Estabeleça um sistema de autorrecompensa aumentando o seu senso de responsabilidade (mas não de maneira que você não possa dar conta) para a obtenção de determinadas metas, para quando atingi-las, você ter uma maior sensação de realização.

- Lance uma série de pequenas metas que são atingíveis enquanto estiver na rota da grande meta. Veja a realização de cada objetivo menor como um significativo degrau na escada rumo à realização do grande objetivo.
- Aumente o valor que você coloca sobre determinadas metas visualizando o prazer que elas podem trazer para você e para outras pessoas.
- Intencionalmente coloque-se em um ambiente em que há outras pessoas que valorizam muito as mesmas metas que você e verão o significado de suas realizações.
- Intencionalmente iniba a influência daquelas pessoas que não compartilham destes mesmos valores. Entretanto, empregue discrição. Você não deve querer se fechar de algo importante.

Quarta Estratégia. Esteja ciente dos ciclos e padrões para tranquilidade e estresse.

Imagine-se a tentando corrigir um comportamento que você sente que está sendo negativamente influenciado por determinados químicos corporais. Então, se faça as seguintes perguntas:

- Que pessoas, lugares e coisas criam os efeitos periféricos desta reação química?
- Com qual intensidade?
- Quando, onde e por que esta influência ocorre?
- Como me sentir desta maneira afeta minha habilidade de foco e meu humor?
- O que eu posso fazer para mudar minha resposta para a outra direção? Por exemplo, você às vezes pode compensar alterando a natureza de sua meta. Isto pode ser feito de várias maneiras. Digamos, por exemplo, que você aceitou trabalhar em uma posição de baixo status, e como resultado disto suas ações são negativas. Você pode tentar dar mais valor à posição vendo-a como um objetivo menor conectado à metas maiores (tal como fornecer uma experiência adicional no seu currículo para outros empregos que você poderá procurar, digamos, em um ano ou menos). Você talvez poderá

relacionar o trabalho como uma forma de financiar mais educação que irá, por sua vez, abrir oportunidades de trabalho mais promissoras. Ou você poderia visualizar isto como financiando sua habilidade de ir para uma localidade mais desejável, que você visualiza como a abertura de novas oportunidades de emprego, educacionais e/ou social.

- Que pessoas, lugares, coisas, pensamentos possuem o efeito contrário?
- Pergunte-se, *como posso ativar isso durante momentos previsíveis de dificuldades para poder equilibrar as coisas?* Por exemplo, eu fiz com que minha filha colocasse um adesivo brilhante de sua preferência na minha chave do escritório para que seja a primeira coisa que eu veja antes de ingressar nele de manhã. Repetições tornarão todas estas estratégias automáticas. Experimente este mesmo processo para estimular uma variedade de humores, tais como tranquilidade, descargas repentinas de energia e assim por diante.

Observe: Você pode usar seu sistema espelho para ajudá-lo a ver como algumas destas influências acabam nas suas ações – em outras palavras, geralmente aqueles ao seu redor irão espelhar o que você colocou para fora. Você também poderá usar sua habilidade para inibir ou ativar padrões previsíveis dizendo para si mesmo, *Quando eu vir________, eu irei consequentemente* (respirar profundamente e ponderar a respeito das minhas opções). Ou, *quando eu vir__________, eu a assinalarei como irrelevante,* por meio disso, liberando poder mental para outras coisas às quais você quer dirigir seu foco e confiando em procedimentos automáticos mais velozes para resolver o que é necessário.

ESTRATÉGIAS PARA OUVIR SUAS EMOÇÕES

Primeira Estratégia: Associar suas emoções às metas eminentes e vice versa é um componente essencial de prestar atenção. Há dois aspectos para autorregular suas emoções; o primeiro é a autoconsciência: entender a si mesmo, suas metas, suas intenções e suas respostas/ações. O segundo aspecto é a empatia: sua compreensão de como outros se sentem e sua habilidade de predizer corretamente as consequências de suas ações sobre eles e depois refletindo em você. Assim sendo, o controle de impulsos, que é a sua habilidade de protelar gratificação, é crítico para este tipo de regulação.

Sua primeira tarefa é procurar o padrão de componentes que integra e como consequência desencadeia o comportamento de uma maneira diferente de uma ocorrência aparentemente unificada. Observe: a autorregulação ajusta a integração de tais componentes para cumprir metas: *Eu sinto raiva, mas está tudo bem porque eu gosto desta pessoa.* Ou *Isto é injusto, consequentemente eu intervirei.*

A seguinte estratégia o ajudará a colocar sua atenção sob os componentes emocionais certos para ajudá-lo a proceder do princípio ao fim de todos os tipos de metas.

- Que emoção específica eu estou sentindo?
- Que informação "fria" eu estou recebendo?
- Há uma disjunção? Se sim, por quê?
- Sentir-me desta maneira afetou negativamente situações semelhantes no passado?
- Sentir-me desta maneira, alguma vez, afetou positivamente situações semelhantes?
- Há coisas que eu faço melhor quando eu estou operando sob esta influência emocional? Se sim, o quê?
- Há coisas que eu faço pior?
- Quais são as minhas melhores opções para agir estando sob a influência do que estou sentindo?

Escolha sua melhor opção e vá em frente. Permita-se ver o valor e sinta a recompensa da sua realização.

Segunda Estratégia. Tente esta estratégia se você sentir que está preso em uma espiral descendente. Pergunte-se:

- Como tais humores depressivos me afetaram em situações semelhantes no passado?
- Que coisas não estão fáceis? Diga-se a si mesmo que as coisas podem e irão mudar e não invista tanto em determinados assuntos.

- Que coisas se tornam mais fáceis por meio destas alterações de humor?

Escolha algo que você faz bem sob a influência de alterações de humor em vá em frente. Novamente, permita-se ver o valor e sinta a recompensa da sua realização.

Terceira Estratégia. Tente esta estrátegia da próxima vez em que você sentir que emoções infladas podem estar afetando seus pensamentos e ações, à medida que você se aproxima de uma determinada meta. Pergunte-se:

- Que emoções positivas eu estou sentindo?
- Alguma destas emoções está afetando meus julgamentos? Qual delas?
- Como sentir-me desta maneira afetou situações semelhantes no passado?
- Como sentir-me desta maneira pode me afetar agora à medida que eu persigo esta meta?

Se o que você estiver sentindo facilitar, vá em frente. Caso contrário, pergunte-se, *Como eu posso compensar?* Então, ajuste e siga em frente. Permita-se ver o valor e sentir a recompensa da sua realização.

Quarta Estratégia. Empatia é uma importante habilidade pessoal relacionada com a sua capacidade de ouvir suas emoções e sincronizá-las com metas específicas. Ao colocar sua atenção em fazer para os outros, por assim dizer, o que você faria consigo, você aprofunda sua autoconsciência emocional, assim como sua habilidade de predizer as consequências dos seus comportamentos. Pesquisadores têm ciência há anos que as pessoas que são mais empáticas são mais bem sucedidas no trabalho e em suas vidas pessoais.

A seguinte estratégia baseia-se na minha conversa com o Doutor Donald Pfaff e sua teoria de que somos programados para o altruísmo. Experimente-a para ajudar a penetrar na capacidade do seu cérebro para empatia. Da próxima vez que você abordar uma meta importante, pergunte-se:

- O que estou prestes a fazer? Visualize a ação/comportamento em sua mente.

- Qual é o alvo da minha ação, em termos de pessoa, lugar ou coisa?
- Como esta ação/comportamento afetará tanto você quanto o alvo de sua ação? Você pode determinar isto fundindo o que você está prestes a fazer, o alvo de sua ação e a si mesmo.
- Esta é uma boa coisa a fazer? Caso seja, faça-a. Caso contrário, não faça.

Você pode se engajar neste processo em plena ação ou *a priori* por meio de visualização. Você também pode usar reflexão após determinadas experiências para ajudar a realizar pequenos ajustes nos procedimentos da próxima vez que a situação surgir. Permita-se ver o valor e sentir a recompensa da sua realização.

ESTRATÉGIA PARA PRIORIZAÇÃO

Você pode priorizar as coisas *a priori*. Lembre-se, a qualquer momento você é inundado com uma enorme quantidade de informação. Não há maneira de obter o controle de toda essa informação, ou mesmo de uma boa parte dela. Entretanto, você pode inventariar a situação de sua vida e os detalhes que a perfazem e selecionar quais elementos você quer proteger, ativar, intensificar, alterar, seguir, melhorar ou eliminar. Os resultados não acontecerão de um dia para o outro. Contudo, se você começar a regular até mesmo um ou dois itens maiores por ano e vários menores ao longo do caminho, deixando espaço para itens inesperados que aparecem diariamente, você efetuará uma grande mudança na sua situação de vida relativamente cedo.

Identifique um aspecto de sua vida que você gostaria de melhorar. Tente a seguinte estratégia. Pergunte-se:

- O que eu quero dessa situação?
- O que os outros esperam que eu alcance dessa situação?
- O que eu atualmente estou fazendo para realizar essa meta?
- O que (seja o que for) estou fazendo comportamentalmente ou sentindo emocionalmente que impede meu progresso em direção a essa meta?

- O que eu estou fazendo ou sentindo que facilita meu progesso?
- Quais procedimentos, sejam quais forem, preciso criar para ajudar a eliminar os disfuncionais antigos que vêm me atrapalhando – em qualquer elo da corrente?
- Que qualidades que eu tenho que podem ajudar na persecução dessa meta?
- Que habilidades precisarei adquirir? Elas são atingíveis? Quando, onde, como e quanto tempo eu precisarei?
- Quão importante é essa meta?
- Que outras metas de vida são afetadas por esse objetivo – positiva ou negativamente?
- Que metas menores podem ser ligadas a uma corrente de tarefas para ajudar a perseguir meu objetivo maior?
- Qual é a melhor ordem cronológica para começar a implementá-las nas minhas atividades diárias?
- Faz sentido perseguir essa meta?

Se sim, estabeleça prioridades e começe a implementar.

ESTRATÉGIA PARA ABSORVER INFORMAÇÕES

Use sua atenção executiva para escolher adequadamente as situações. Você poderá fazer isso, em um primeiro momento, por meio de visualizações ou reflexões, que podem ser automatizadas por meio de repetição. Apenas lembre-se de que você deve permitir-se a oportunidade de futuramente acrescentar mais informações.

Para ajudá-lo a selecionar sua atenção, considere essas indagações durante sua perseguição à meta ou preferencialmente antes, da próxima vez em que você abordar uma meta ou tarefa. Pergunte-se:

- Onde eu estou?
- O que eu espero obter?
- O que os outros esperam obter?
- Que informações mútuas estamos compartilhando, sensorial ou outras?

- Que informações mútuas devemos compartilhar, sensorial ou outras?
- Quais informações absorvidas devem ser amplificadas?
- Quais precisam ser enfraquecidas?
- Quais situações semelhantes enfrentei no passado?
- O que facilitou o meu foco?
- O que atrapalhou o meu foco?
- Que condicionantes posso estabelecer para encurtar minhas disfunções? Por exemplo, *Quando eu entro em um recinto e vejo meus colegas de trabalho, lembrarei de esvaziar minha mente de quaisquer negatividades e começarei a falar com a gentil amabilidade que exibi no meu primeiro dia de trabalho.*
- Que condicionantes eu posso estabelecer para ativar coisas que facilitam? *Quando eu vejo o Leo, lembrarei de escutar pelo menos tanto quanto falo.*

Faça várias experiências e desfrute-as.

Notas

As notas atribuídas às entrevistas foram citadas. A menos que contrariamente atribuídas, quaisquer relatos adicionais que se referiram a estes cientistas são destas entrevistas.

Capítulo 1

1. Doutor Tram Neill, entrevista realizada em dezembro de 2007.
2. Neill, W.T. "Percepção," 312-314.
3. Frank Vellutino, entrevista realizada em dezembro de 2007.
4. Doutor Todd Wysocki, entrevista realizada em janeiro de 2008.
5. Há muitas obras sobre modelos componentes de atenção. Você pode querer conferir: (A) McKay Moore e Catherine A. Mateer, *Introdução para reabilitação cognitiva: teoria e prática* (Nova York: Editora Guilford, 1989). (B) Alvaro Fernandez, "Treinando atenção e auto regulação emocional: uma entrevista com Michael Posner."
6. "Meditação pode aprimorar o controle sobre atenção."
7. Ibid.
8. Warm, Joel, "Você realmente está prestando atenção?" *Estas histórias acompanhadas por um vídeo foram originalmente produzidas por Ivanhoe Broadcast News para a série Descobertas na Ciência para o Instituto Americano de Física.*
9. Doutor Fernando Miranda, entrevista realizada em fevereiro de 2008.
10. "Medite para se concentrar." Para mais informações em relação ao fantástico trabalho de Davidson com meditação, veja uma história

que foi publicada no jornal *Washington Post* no site http://*www.washingtonpost.com/wp-dyn/articles/A43006-2005Jan2.html.*

11. Jackson, Maggie, *Distraído, 256.*
12. Sakai, Jill, *Meditation may fine tune.*
13. "Varreduras do cérebro mostram que a meditação altera mentes, aumenta a atenção."
14. Cullen, Lisa Takeuchi, How to get smarter, one breath at a time.
15. "Varreduras do cérebro mostram que a meditação altera mentes, aumenta a atenção."
16. "Meditate to concentrate."
17. Othmer, Siegfried, PhD, e Caroline Grierson, RN, "*Biofeedback.*"
18. "Atenção / QI / Desempenho Acadêmico."
19. "O que é *Neurofeedback*?"
20. Para uma visão mais completa de *neurofeedback*, dê uma olhada neste fantástico recurso patrocinado pela Sociedade Internacional para *Neurofeedback* e Pesquisa: http://*www.isnr.org.*
21. Coronel Kevin Nally, entrevista realizada em dezembro de 2007.
22. Doutor Donald Ward, entrevistas realizadas em dezembro de 2007 e dezembro de 2008.

CAPÍTULO 2

1. Dreifus, Claudia, *Uma conversa com Joseph LeDoux.*
2. Ibid.
3. "A demonstração da euforia do corredor."
4. Johnson, Steven, *Mind wide open,* 138.
5. Vedhara, K., e J. Hyde, et al., *Estresse Agudo.*
6. Latham, Catherine, *Sharpbrains.*
7. Lupien, Sonia, *Estresse.*
8. Amen, Daniel G. *Change your brain,* 81.
9. Kramer, Peter, *Listening to Prozac,* 89-100.
10. Doutor Stanley Grick, PhD, médico, entrevista realizada em julho de 2008.
11. Marano, Hara Estroff, *Por que nós sonhamos?*

12. Carver, Joseph M., Ph D, *Dopamina.*
13. Begley, Sharon, *Treine seu cérebro,* 248.
14. Carver, Joseph M., Ph D, *Dopamina.*
15. "Pesquisa se concentra na progressão da menopausa e perda de memória."
16. Doutor Robert Josephs, entrevista realizada em julho de 2008. Leia também mais a respeito do estudo realizado por Joseph e seus colegas intitulado: "*Testosterona, cognição e* status *social,*" no site: *http://homepage.psy.utexas.edu/homepage/faculty/josephs/pdf_documents/Test-Stat-Cog2005_H&B.pdf.*
17. Boyd, Kevin. *Testosterona ajuda os cérebros de homens mais velhos.*
18. Para mais detalhes a respeito da pesquisa da Doutora Shelly Talyor, veja o artigo de Beth Azar: "Emoção impulsiona a atenção: um novo paradigma de estresse para as mulheres." Revista *Monitor on Psychology* 31, nº. 7, julho/agosto 2000.

Capítulo 3

1. Claparede fornece um relato completo desta história fantástica em: Rappaport, David, Ed., "*Organização e Patologia do Pensamento.* Nova York: Editora da Universidade Columbia, 1951, 58-75, (Trabalho original publicado em 1911.)
2. LeDoux, Joseph, *O cérebro emocional,* 190.
3. "Emoção impulsiona a atenção."
4. "Teste de QI: Qual é sua origem?"
5. Goleman, Daniel, *Inteligência emocional,* 4.
6. Ibid.
7. Ibid.
8. Doutor John Mayer, entrevista realizada em julho de 2008.
9. Goleman, Daniel, *Inteligência emocional,* 45.
10. Ibid., 73.
11. Goleman, Daniel, "O cérebro gerencia alegria e tristeza em áreas distintas."

12. Johnson, Steven, *Mind wide open (Seu cérebro e a neurociência da vida cotidiana), 58.*
13. Schoenherr, Neil, "Flashbulb memories."
14. Hyams, Joe, *Zen nas artes marciais,* 48-49.
15. Para uma explicação mais completa, veja "A mindful self e beyond: sharing in the ongoing dialogue of buddhism and psychoanalysis" no *site www.advaitacentrum.nl/04_Studiecentrum/Psychotherapie/Pt_A_waning2.*
16. Damasio, Antonio, *Descartes´ Error ('Erro de Descartes: Razão, Emoção e do cérebro humano'),* 67-68.
17. Whiting, Wythe L., et al., "Overriding Age Differences," ("Superando Diferenças de Idade") 223-232.
18. Doutor Wythe Whiting, entrevista realizada em outubro de 2008.
19. Para visualizar e ler mais, veja "Processamento de cima para baixo e Memória de Episódios" no Vassar College´s *Pyschology in the News, no site http://intro2psych.wordpress.com/2007/11/25/processamento de cima para baixo e memória de episódios.*
20. Whiting, Wythe, L., et al., "Overriding Age Differences," ("Superando Diferenças de Idade") 223-232
21. Neill, W.T., "Percepção," 312-314.
22. Nicholson, Christy, "Memória e Consciência."
23. Gladwell, Malcolm, *Blink, (Blink: O poder do pensamento sem pensar)* 256-259.
24. Doutor Christian Wheeler, entrevista realizada em novembro de 2008.
25. Doutor Donald Pfaff, entrevista realizada em Outubro de 2008.
26. Doutor Donald Pfaff, *The Neuroscience of Fair Play,* 66. (A neurociência de Fair Play: Por que (normalmente) Siga a regra de ouro)
27. Hampton, Rick, "New York City cheers death-defying rescuer." "A cidade de Nova York: aplaude o salvador que desafiou a morte."
28. Doutor Donald Pfaff, *The neuroscience of fair play,* 202-203. (A neurociência de Fair Play: Por que (normalmente) Siga a regra de ouro)

Capítulo 4

1. Posner, Michael I., e Mary K. Rothbart, "Atenção, autorregulação e consciência." Também pode ser visualizado *online* no site *www.pubmedcentral.nih.gov/picrender.fcgi?artid=1692414&blobtype=pdf.*
2. Lurie, A.R. *The Working Brain. (O Funcionamento do Cérebro).*
3. Norman, D.A., e T. Schallice. "Attention to action: willed and automatic control for behavior," em Posner, Michael I., e Mary K. Rothbart, "Atenção."
4. Fernandez, Alvaro, "Treinando atenção."
5. Doutor James Diefendorff, entrevista realizada em novembro de 2008.
6. Diefendorff, James M. "Perceived self regulation," 228-247. ("Percepção de autorregulação").
7. Você pode ter uma visualização completa desta interessante e animadora pesquisa em: Wegner, Duane: "Flexible correction process in social judgement: the role of naive theories in corrections for perceived bias." *Journal of Personality and Social Psychology* 68, No. 1:36-50 (1995).

Capítulo 5

1. "Clássicos na História da Psicologia."
2. "Hans Berger."
3. EPLab Online Measures, "Stroop Task."
4. "História das imagens por ressonância magnética."
5. Barker, Leslie, "Quem inventou imagens por ressonância magnética?"
6. "Cocktail Party Effect." "Efeito coquetel."
7. "Donald Eric Broadbent."
8. "Anne Treisman, PhD."
9. "Current Winner: 2009 – Anne Treisman." "Ganhador Atual: 2009 – Anne Treisman."
10. "How do we perceive objects?" ("Como nós concebemos objetos por meio dos nossos sentidos?")
11. Doutora Lydia Furman, Médica, entrevista realizada em dezembro de 2008.

12. Purvis, Karen L., e Rosemary Tannock, "Language abilities in children with attention deficit hyperactivity disorder." "Habilidades com idiomas em crianças com déficit de atenção e hiperatividade"
13. Tamm, Leanne, PhD, et al. "Can attention itself be trained?"
14. Ibid.
15. Fernandez, Alvaro, "Treinando a atenção."

Glossário

Ácidos graxos: importante componente dos lipídios (gorduras) em vegetais, animais e micro-organismos.

Alternar a atenção: habilidade de alterar de uma para outra atividade e de um fragmento de nova informação a outra.

Anosognosia: indivíduos que apresentam danos nos seus centros emocionais.

Atenção executiva: tem a capacidade de, em uma fração de segundo, sobrepujar impulsos e coisas que atraem a atenção para opções não tão óbvias, porém mais favoráveis.

Atenção focada: Habilidade de concentrar-se em informação sensorial.

Atenção seletiva: capacidade de escolher a que informação você deseja prestar atenção.

Atenção sustentada: a capacidade de dirigir e concentrar a atividade cognitiva de estímulos específicos.

Autoconsciência: ter atenção em si mesmo.

Automatizada: assemelhando-se a robôs. Os processos e os sistemas podem ser considerados automatizados e podem preservar outros requisitos mentais, liberando-os para outras tarefas.

Autorregulação: exercer controle sobre vários elementos envolvidos na conquista e/ou na manutenção das metas pessoais.

***Bushido*:** código de moral do samurai.

Característica da Teoria da Integração: teoria de processamento de informação desenvolvida por Anne Treisman, que sugere que determinadas informações, como as características básicas de um objeto, podem ser processadas inconscientemente assim como separadamente e posteriormente integradas.

Caixa de Skinner: conhecida experiência do psicólogo B. F. Skinner, para examinar o comportamento animal.

***Cocktail party*:** capacidade de focar sua audição em uma única pessoa em uma sala em que estão ocorrendo várias conversas e de prestar atenção a certas informações.

Codificação: ajuda você a armazenar as coisas como memória de trabalho.

Cognitivo: envolve cognição ou os processos de obtenção de conhecimentos por meio de percepções, aprendizado e raciocínio.

Comportamentos reflexivos: comportamentos ativados por um reflexo.

Condicionamento: ocorre quando na exposição de certos estímulos, por causa de experiências prévias, produz determinadas respostas.

Congruência emocional: o ato de combinar pedaços de informações emocionais semelhantes.

Conhecimento declarativo: distinção no conhecimento realizada pelo filósofo Gilbert Ryle. Na linguagem do dia a dia, a distinção torna-se mais clara do que falamos "saber *isso*". Conhecimento declarativo é proposicional (tem um valor de autenticidade).

Conhecimento procedimental: conhecimento baseado em habilidades e operações que aplicamos para o conhecimento declarativo.

***Corollary discharge* (colorário de quitação):** mecanismo no cérebro que permite que alguém possa realizar a distinção entre estímulos ou percepções gerados e externos.

Cortisol: hormônio esteroide desencadeado por estresse mental ou físico.

Déficit de atenção: geralmente, refere-se à ausência de atenção (especificamente em relação a qualquer um dos componentes da atenção), falta de atenção, e TDAH.

Descarga de adrenalina: refere-se à ativação das glândulas adrenais ou uma resposta lutar-ou-fugir.

DNA: molécula dupla hélice que codifica informação genética.

Dojo: local em que se aprendem e se praticam artes marciais.

Dopamina: hormônio cerebral que causa euforia e que está associado a comportamentos que buscam o recebimento de recompensas.

Efeito Stroop: demonstração da maneira como uma informação irrelevante pode interferir com o tempo de reação de uma tarefa.

Empatia: habilidade de sentir o que outros estão sentindo, que permite que você preveja as consequências de suas ações. Assim, empatia lhe fornece mais informação para mensurar suas respostas à medida que você trabalha para cumprir suas metas diárias.

Endocanabinoide anandamida: substância química cerebral semelhante a THC, o princípio ativo encontrado na maconha.

Endogenamente: internamente.

Espiral depressiva: espiral de humores depressivos.

Esquema: esboço, mapa ou modelo.

Esquemático: Refere-se a um plano ou mapa.

Estrogênio: hormônio esteroide sexual frequentemente associado às mulheres.

"Eu": quem você é e o que está sentindo.

Euforia do corredor: sentimento de euforia após correr ou praticar alguma outra atividade aeróbica.

Exogenamente: externamente.

***Flashbulb memory* (memória fotográfica):** memória associada com incidentes intensamente emocionais e traumáticos.

Forma: quando empregada neste texto para descrever parte de sua mente, forma refere-se às células que perfazem seu cérebro.

***Gating*:** o ato de ajustar quanta informação sensorial você coloca para dentro ou para fora.

Glândula endócrina: glândula que libera um hormônio na corrente sanguínea.

Glândula pituitária: principal glândula endócrina, localizada na base do cérebro, que controla as outras glândulas endócrinas, também chamada de hipófise.

Glândulas adrenais: responsáveis pela regulação do estresse, estas glândulas, em formato de estrela, encontram-se acima dos rins. *Renal* indica sua associação com os rins.

Glicogênio: polissacarídeo e importante fonte energética; armazenada no fígado.

Glicose: açúcar simples (monossacarídeo), tal como mel.

Hipnoidal: hipnótico.

Homeostase: equilíbrio fisiológico.

Homo sapiens: ser humano.

Imagem por ressonância magnética: fornece imagens das estruturas internas do corpo.

Imparcialidade: realizar um inventário atento de seu ambiente interno e externo.

Informação quente: emoções.

Inteligência emocional: ter compreensão dos próprios sentimentos, assim como empatia pelos sentimentos dos outros, e a capacidade de regular as próprias emoções para que elas possam melhorar sua vida.

***Kata*:** termo que descreve técnicas de artes marciais que são realizadas em uma série.

Kung Fu: estilo de arte marcial desenvolvida no Templo Shaolin na China.

Luta ou fuga: instinto primitivo de sobrevivência, uma resposta às ameaças.

Memória baseada no medo: memória emocional.

Memória declarativa: memória que pode ser discutida; aquela que armazena fatos, em oposição à memória processual, que armazena procedimentos ou habilidades.

Memória emocional: "armazém" cerebral para eventos emocionais.

Mente de iniciante: a atenção simples e sincera de uma criança. O termo é empregado no estudo de Zen Budismo e das artes marciais japonesas.

Mente vazia: também conhecida como *mushin,* mente vazia é uma técnica para limpar sua mente, praticada na maioria das artes marciais. O objetivo é esvaziar a mente de todas as suposições e emoções negativas.

Meditação: estado mental consciente relaxado, contudo, energético.

Memória de longo prazo: memória processual.

Memórias reprimidas: experiências traumáticas que inconscientemente tornaram-se indisponíveis.

***Mushin*:** palavra japonesa para "estado de não pensamento".

Narcóticos: derivados de ópio.

Neurônios espelhos: circuito de células cerebrais encontradas em ambos os hemisférios do cérebro.

Ocitocina: hormônio liberado pela glândula pituitária.

Ondas cerebrais: atividade elétrica produzida pelo cérebro e registrada por meio de um eletroencefalograma (EEG).

PET*scans*: técnica que produz uma imagem tridimensional.

Plasticidade: capacidade do cérebro de alterar-se.

Pré-motor: parte do córtex cerebral localizada no lóbulo frontal do cérebro.

Processamento de baixo para cima: processamento de informação conduzida pela entrada de dados.

Processamento de cima para baixo: processamento de informação baseado em conhecimentos prévios, expectativas e planos de ação.

Prozac: medicamento antidepressivo.

Receptores: estruturas celulares capazes de se unir a outras estruturas.

***Sensei*:** instrutor de artes marciais em japonês. A raiz da palavra significa ser a origem ou a causa de.

Serotonina: às vezes conhecido como o hormônio da felicidade graças a sua contribuição ao sono e ao bom humor.

Sistema límbico: sistema cerebral associado com as emoções.

***Suki*:** pensamento que interrompe.

Tálamo: região do cérebro onde dados sensoriais (cheiros, paladares, o sentido palpável das coisas assim como imagens e sons) são processados inicialmente e depois transmitidos para outras partes do cérebro.

Templo Shaolin: oficialmente reconhecido como o lugar de origem de Zen nas artes marciais.

Testosterona: hormônio sexual associado principalmente aos homens.

Treinamento para o gerenciamento de erros: treinar os funcionários para a realização de uma tarefa, especialmente em relação a como lidar com os erros.

Visualização: processo pelo qual você emprega o "olho de sua mente" para visualizar-se ou visualizar outra pessoa dentro de uma experiência específica, que já pode ter ocorrido ou que poderá ocorrer no futuro.

***Xin-Yi*:** Coração-mente.

Bibliografia

AMEN, Daniel G. *Change your brain, change your life.* [Altere seu cérebro, altere sua vida: O programa inovador para a conquista de ansiedade, depressão, obsessão, raiva e impulsividade.] Nova York: Three Rivers, 2004.

ANNE Treisman, Ph.D. Fundação para o avanço das ciências comportamentais e do cérebro. Disponível em: http://*www.fabbs.org/treisman_honor.html.* Acesso em: 5/2/2009

ATENÇÃO/QI/DESEMPENHO ACADÊMICO. The transparent corporation. Disponível em: http://*www.transparentcorp.coproducts.* Acesso em: 27/1/2009

BARKER, Lesley. "Quem inventou a imagem por ressonância magnética?" eHow. Disponível em: http://*www.ehow.com/about_4599974_who-invented-mri.html.* Acesso em: 7/2/2009.

BEGLEY, Sharon. *Train your brain, change your mind.* [Treine seu cérebro, altere sua mente: como uma nova ciência revela nosso potencial extraordinário para transformar a nós mesmos.] Nova York: Ballatine, 2008.

BOYD, Kevin. "Testosterona ajuda os cérebros de homens mais velhos, de acordo com uma pesquisa." Universidade da Califórnia – Centro Médico de São Francisco. 17/4/2002. Disponível em: http://pub.ucsf.edu/today/cache/news/200204161.html. Acesso em: 27/7/2008

__________ "Varreduras do cérebro demonstram que meditação altera mentes e aumenta a atenção." Conselho dos Regentes da Universidade de Wisconsin. 25 de junho de 2007. Disponível em: http://www.news.wisc.edu/13890. Acesso em: 2/11/2008.

CARVER, Joseph M., Ph.D. "Dopamina: Doença de Parkinson, ADHD, o tabagismo e a paranoia." Disponível em: http://www.enotalone.com/article/4115.html. Acesso em: 29/1/2009.

__________ "Clássicos na história da psicologia: os princípios da psicologia – William James (1890)." Disponível em: *http://psychclassics.yorku.ca/James/Principles/prin11.htm.* Acesso em: 6/2/2009.

__________ "Efeito coquetel." Enciclopédia Nation Master. Disponível em: http://*www.nationmaster.com/encyclopedia/Cocktail-party-effect.* Acesso em: 5/2/2009.

CULLEN, Lisa Takeuchi. "How to get smarter, one breath at a time." "como tornar-se mais inteligente, uma respiração por vez." *Time.* 10/1/2006. Disponível em: http://www.time.com/time/magazine/article/0,9171,1147167,00.html. Acesso em: 15/7/2008.

__________ "Vencedor atual: 2009 – Anne Treisman." Universidade de Louisville. Disponível em: http://grawemeyer.org/psychology/current-winner.html. Acesso em: 5/2/2009.

DAMASIO, Antonio. *Erro de Descartes: razão, emoção e do cérebro humano.* Nova York: Editora Penguin, 2005.

DIEFENDORFF, James M. "Percepção de Autorregulação e diferenças individuais na atenção seletiva." *Journal Of Experimental Psychology* 4, No. 3 (1998): 228-247.

DONALD, Eric Broadbent. *New York Encyclopedia.* Disponível em: http://www.newworldencyclopedia.org/entry/Donald_Broadbent. Acesso em: 5/2/2009.

DREIFUS, Claudia. "Uma conversa com Joseph LeDoux: Realizando uma análise clínica das emoções humanas." *New York Times Magazine.* 8 de outubro de 2002.

__________ "A emoção impulsiona a atenção: detectando a cobra na grama." *Journal of Experimental Psychology.* 130, nº. 3 (2001): 466-478.

EPLAB ONLINE MEASURES. "TAREFA STROOP." Disponível em: http://www.snre.umich.edu/eplab/demos/st0/stroopdesc.html. Acesso em: 5/2/2009,

FERNANDEZ, Alvaro. "Training attention and emotional self regulation: an interview with michael posner." [Treinando a Atenção e a Autorregulação emocional: uma entrevista com michael posner.) Disponível em: http://www.sharpbrains.com/blog/2008/10/18/training-attention-and-emotional-self-regulation-interview-with-michael-posner. Acesso em: 29/11/2008.

GLADWELL, Malcolm, *Blink,* [Blink: o poder do pensamento sem pensar]. Nova York: Back Bay Books, 2005.

GOLEMAN, Daniel, "O cérebro gerencia alegria e tristeza em áreas distintas." *New York Times.* 28 de março de 1995.

____________ *Emotional intelligence: why it can matter more than IQ.* [Inteligência emocional: por que ela é mais importante do que QI.] Nova York: Bantam, 1995.

Green, Elmer E.; Oswakie, K.S.. "Potencial humano: a importância de se treinar com as ondas cerebrais." A sociedade internacional para neurofeedback e pesquisa. Disponível em: http://www.isnr.org/uploads/Abstracts%20and%20Papers%20Pre1995.pdf. Acesso em: 2/2/2009.

Hampson, Rick. "A cidade de Nova York aplaude o salvador que desafiou a morte" Jornal *USA Today,* 4 de janeiro de 2007. Disponível em: http://www.usatoday.com/news/nation/2007-01-02-subway-rescue_x.htm. Acesso em: 21/9/2008.

Hans Berger. StateUniversity.com (Net Industries). Disponível em: http://encyclopedia.stateuniversity.com/pages/9409/Hans-Berger.html. Acesso em: 5/2/2009.

____________ "História da imagem por ressonância magnética." A Universidade de Manchester. Disponível em: http://www.isbe.man.ac.uk/personal/dellard/dje/history_mri/history%20of20%20mri.htm. Acesso em: 7/2/2009.

____________ "Como concebemos objetos por meio dos nossos sentidos?" Departamento de Psicologia da Universidade de Princeton. Disponível em: http://weblamp.princeton.edu/-psych/psychology/research/treisman/index.php. Acesso em: 5/2/2009.

Hyams, Joe. *Zen nas artes marciais.* Nova York: Editora Bantam, 1982.

____________ "Teste de QI: qual é sua origem?" Learninginfo.org (Audiblox). Disponível em: http://iq-test.learninginfo.org/liq01.htm. Acesso em: 7/2/2009.

Jackson, Maggie. *Distracted: the erosion of attention and the coming dark age.* [Distraído – a erosão da atenção e a chegada da era da obscuridade] *Amherst: Prometheus*, 2008.

Johnson, Steven. *Mind wide open: seu cérebro e a neurociência da vida cotidiana.* Nova York: Editora Scribner, 2004.

Kramer, Peter, *Listening to Prozac.* [Ouvindo o Prozac) Nova York: Editora Scribner, 2004.

Latham, Catherine. "Sharpbrains." 10 de outubro de 2006: Disponível em: http://www.sharpbrains.com/blog/2006/10/10/brain-yoga-stress-killing-you-softly. Acesso em: 18/10/2008.

LeDoux, Joseph. *O cérebro emocional: os fundamentos misteriosos da vida emocional*. Nova York: Editora Simon & Schuster, 1996.

Lupien, Sonia. "Estresse, memória e apoio social." *McGill Reporter.* Acesso em: 10 de janeiro de 2009, do site www.mcgill.ca/reporter/35/02/lupien/.

Lurie, A.R. *O cérebro funcional: uma introdução a neuropsicologia.* Nova York: Editora Basic Books, 1976.

Marano, Hara Estroff, "Por que nós sonhamos?" Revista *Psychology Today.* Edição março/abril de 2005.

___________ "Medite para concentrar-se." *ScienceDaily.* Disponível em: http://www.sciencedaily.com/releases/2007/06/070625193240.htm. Acesso em: 26/1/2009.

___________ "Meditação pode melhorar o controle sobre a atenção." *ScienceDaily.* Disponível em: http://www.sciencedaily.com/releases/2007/05/070507202029.htm.

NICHOLSON, Christy. "Memória e consciência: consciência para inconsciência e retorno a consciência." *APS Observer* (Association for Psychological Science), Agosto de 2006. Disponível em: http://www.psychologicalscience.org/observer/getArticle.cfm?id=2028. Acesso em: 9/6/2008.

OTHMER, Siegfried, Ph.D.; Grierson, Caroline R. N. "Biofeedback: A derradeira disciplina de autodefesa." EEG Info. Disponível em: http://www.eeginfo.com/research/articles/biofeedbackselfhelp.htm. Acesso em: 10/1/2009.

PFAFF, Donald. *The neuroscience of fair play*, 66. [A neurociência de Fair Play]. Nova York: Editora Dana, 2007.

POSNER, Michael I.; Rothbart, Mary K. "Atenção, autorregulação e consciência." Trocas filosóficas da sociedade real de londres [Ciências Biológicas] 353, nº. 1377 (29 de novembro de 1998): 1915-27.

PURVIS, Karen L.; Tannock, Rosemary. "Language abilities in children with attention deficit hyperactivity disorder." "Habilidades com idiomas em crianças com déficit de atenção e hiperatividade." Journal of Abnormal Child Psychology 25 (1997). Disponível em: http://www.questia.com. Acesso em: 26/12/2008.

__________ "Demonstração da euforia do corredor: imagens do cérebro demonstram a liberação de endorfinas no cérebro." *ScienceDaily*. Disponível em: http://www.sciencedaily.com/releases/2008/03/080303101110.htm. Acesso em: 26/1/2009.

SAKAI, Jill. "Meditação pode melhorar o controle sobre a atenção." Conselho dos Regentes da Universidade de Wisconsin. 8 de maio de 2007. Disponível em: http://www.news.wisc.edu/13762. Acesso em: 30/9/2008.

SCHOENHERR, Neil. "*Flashbulb* memories." [Memórias fotográficas.] Universidade Washington em Saint Louis. 5 de novembro de 2003. Disponível em:

http://news-http://info.wustl.edu/tips/page/normal/516.html. Acesso em: 14/1/2008.

Sohlberg, McKay Moore; Mateer, Catherine, A. *Introduction to cognitive rehabilitation. Theory and practice.* [Introdução para reabilitação cognitiva: teoria e prática] Nova York: Editora Guilford, 1989.

__________ "Pesquisa se concentra na progressão da menopausa e perda de memória." Sistema de Saúde de Yale – New Haven. 17 de novembro de 2003. , Disponível em: http://www.ynhh.org/healthlink/womens/womens_11_03.html. Acesso em: 18/12/2008.

Tamm, Leanne, Ph.D. et al. "Can attention itself be trained?" "Pode a própria atenção ser treinada? Treinamento de atenção em crianças com risco de ter ADHD." Disponível em: http://www.sackleinstitute.org/cornell/people/bruce.mccandliss/publications/publications/Tamm.etal.inpress.pdf. Acesso em: 10/12/2008.

Vedhara, K.; Hyde, J. et al. "Estresse agudo, memória, atenção e cortisol." *Psychoneuroendocrinology* 25, nº. 6 (agosto de 2000): 535-49.

Warm, Joel. "Você realmente está prestando atenção? Ultrassonografia doppler ajuda psicólogos a mensurar os níveis de atenção." ScienceDaily. 1º de dezembro de 2006. Disponível em: http://www.sciencedaily.com/videos/2006/1212. Acesso em: 10/11/2008.

__________ "O que é neurofeedback?" EEG Info. Disponível em: http://*www.eeginfo.com/what-is-neurofeedback.htm.* Acesso em: 20/1/2009.

Whiting, Wythe L.; Madden, David J.; Babcock, Katherine J.. "Overriding age differences in attentional capture with top-down processing." Superando as diferenças de idade na captura da atenção no processamento de cima para baixo."*Psychology e Aging 22,* nº. 2 (junho de 2007): 223-232.

Este livro foi impresso pela Orgrafic Gráfica
em papel *offset* 75g